ANA DEVI

# AURA CHIRURGIE
## *für Anfänger*
### DAS PRAXISBUCH

Email: info@edition-lunerion.de
www.edition-lunerion.de



Psiana eCom UG
Berumer Str. 44
26844 Jemgum

# INHALT

# Aurachirurgie und ihre vielfältigen Möglichkeiten

Wenn in Körper oder Geist etwas im Argen liegt, wirkt sich das auf unser Energiefeld aus. Blockaden oder Unregelmäßigkeiten sind die Folgen, bieten jedoch gleichzeitig einen wirksamen Ansatzpunkt zur Behandlung: Denn Aurachirurgie heilt „per Energiefluss" – und wie Sie diese hocheffektive Universaltechnik selbst anwenden können, erfahren Sie in diesem Buch!

Ob Entzündungen, Schmerzen, unerklärliche Erschöpfung oder Gelenkprobleme: Eine Erkrankung besteht niemals nur in dem entsprechenden Körperteil, sondern manifestiert sich ebenso in der Aura. Dieses individuelle Energiefeld, das jeden Menschen wie eine schützende Hülle umgibt, zeigt die zugrundeliegenden energetischen Störungen ebenfalls an, doch nicht nur das: Das Prinzip funktioniert in beide Richtungen, sodass sich dank gezielter Energieanwendung auf die Aura heilende Wirkung auf das entsprechende physische Organ überträgt. Mit diesem simplen Prinzip arbeitet die Aurachirurgie – also werden Sie mit diesem Buch in kürzester Zeit selbst zum Aurachirurg. Von den Grundlagen über Anwendungsmöglichkeiten, Techniken und konkrete Behandlungen bis hin zu zusätzlichen Methoden wie Channeling oder persönlicher Aurahygiene erwerben Sie fundiertes Wissen sowie sofort anwendbare praktische Fähigkeiten rund um die Energiearbeit und schulen Ihre heilenergetischen Fähigkeiten!

# Die Aura des Menschen: Alles Schall und Rauch?

Die Aura – ein Begriff, der in der spirituellen Welt oft diskutiert wird, aber in der Wissenschaft wenig Beachtung findet. Ist die Aura nur ein Konzept aus der Esoterik oder steckt mehr dahinter? In der westlichen Welt wird die Aura oft als bloße „Ausstrahlung" einer Person abgetan. Doch in vielen Kulturen und spirituellen Traditionen wird sie als ein komplexes, mehrschichtiges Energiefeld verstanden, das den physischen Körper umgibt und durchdringt. Dieses Energiefeld ist nicht nur ein Indikator für den emotionalen und spirituellen Zustand einer Person, sondern auch ein Barometer für die allgemeine Lebensenergie.

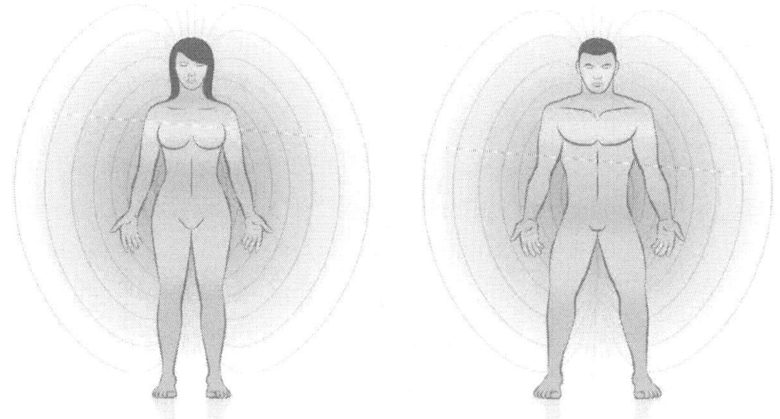

**Die Aura – eine Definition**

Die Aura ist ein mehrdimensionales Energiefeld, das den physischen Körper eines Lebewesens umgibt und durchdringt. Sie wird als eine Art „energetische Signatur" betrachtet, die individuelle Informationen über den emotionalen, mentalen und spirituellen Zustand einer Person enthält. In verschiedenen spirituellen und esoterischen Traditionen wird die Aura als ein leuchtendes, farbiges Feld beschrieben, das sich in unterschiedlichen Schichten und Ebenen um den Körper erstreckt. Jede dieser Ebenen korrespondiert mit bestimmten Aspekten des Seins, sei es das emotionale Befinden, die mentale Klarheit oder die spirituelle Ausrichtung. Die Farben, Formen und Muster derAura können als Indikatoren für die allgemeine Gesundheit einer Person dienen. Sie können Aufschluss geben über energetische Blockaden, emotionale Traumata oder auch über das Vorhandensein bestimmter Fähigkeiten und Talente. In der alternativen Medizin und in verschiedenen spirituellen Praktiken wird die Aura häufig als Diagnoseinstrument verwendet, um den energetischen Zustand eines Individuums zu beurteilen und entsprechende Heilmethoden anzuwenden.

Die Aura interagiert auch aktiv mit der Umwelt. Sie kann Energie aufnehmen und abgeben und sie steht in ständiger Wechselwirkung mit den Energiefeldern anderer Lebewesen sowie mit dem kollektiven Energiefeld der Erde. Diese Interaktionen können sowohl harmonisierend als auch störend wirken, abhängig von der Qualität der beteiligten Energien.

Die Aura ist somit ein Phänomen, das die Schnittstelle zwischen dem physischen und dem energetischen Aspekt des Lebens bildet. Sie ist ein Spiegel der inneren Welt und ein Bindeglied zur äußeren Realität, ein dynamisches Energiefeld, das sowohl Ausdruck als auch Einflussfaktor des individuellen und kollektiven Wohlbefindens ist.

In der asiatischen Philosophie, insbesondere in den Kampfkünsten, wird dieses Energiefeld als „Qi" bezeichnet. Es wird angenommen, dass ein harmonisches Qi nicht nur die körperliche, sondern auch die emotionale und spirituelle Gesundheit fördert. In stressigen Situationen, wie sie in Kampfkünsten oder im Alltag auftreten können, zeigt sich die Qualität der Aura in der Fähigkeit, Ruhe und Gelassenheit auszustrahlen.

**Exkurs: Das Geheimnis des Qi**

In der östlichen Philosophie und Medizin ist der Begriff „Qi" (auch als „Chi" bekannt) ein zentrales Element. Es handelt sich um eine Lebensenergie, die durch alle Lebewesen fließt und als Bindeglied zwischen Körper, Geist und Seele fungiert. In der Traditionellen Chinesischen Medizin (TCM) wird Qi als die treibende Kraft hinter allen biologischen Prozessen angesehen. Es ist die Energie, die den Herzschlag antreibt, die Atmung ermöglicht und die Zellen nährt.In der Kampfkunst, insbesondere im Tai-Chi und Qi-Gong, wird die Kontrolle und Lenkung des Qi als entscheidend für die Meisterschaft angesehen. Erfahrene Kampfkünstler können ihr Qi so steuern, dass sie nicht nur physische Kraft, sondern auch mentale Klarheit und emotionale Stabilität erlangen. In diesem Kontext wird oft von der „Kultivierung des Qi" gesprochen, einem Weg, durch den die Qualität und Quantität des Qi verbessert werden kann. Aber wie verbindet sich das Konzept des Qi mit der Aura? In vielen spirituellen Traditionen wird angenommen, dass das Qi eine der Hauptkomponenten der Aura ist. Es ist die Energie, die die Aura nährt und ihre Qualität bestimmt. Eine starke, klare Aura ist oft ein Zeichen für ein gut fließendes und harmonisches Qi. Umgekehrt kann ein blockiertes oder schwaches Qi zu einer trüben, uneinheitlichen Aura führen, die anfällig für negative Einflüsse ist. Die Kontrolle des Qi ist daher auch für die Qualität der Aura von Bedeutung. Durch verschiedene Techniken wie Meditation, Atemübungen und bewusste Bewegung kann das Qi kultiviert und die Aura gestärkt werden. In der Aurachirurgie kann das Verständnis des Qi dazu beitragen, energetische Blockaden zu identifizieren und zu lösen, was zu einer harmonischeren Aura führt.

Aber nicht nur in der fernöstlichen Philosophie findet die Aura Beachtung. In der modernen Medizin, insbesondere in den Bereichen der Alternativmedizin und der integrativen Gesundheitsversorgung, gibt es faszinierende Ansätze, die Aura für diagnostische und therapeutische Zwecke zu nutzen. Einige Ärzte und Heilpraktiker setzen auf die Aura als zusätzliches Instrument, um ein ganzheitlicheres Bild vom Zustand des Patienten zu erhalten. Ein Beispiel dafür ist die Biofeldtherapie, eine Form der Energiearbeit, die sich auf die Manipulation der Aura konzentriert, um Heilung zu fördern. In dieser Therapieform wird davon ausgegangen, dass Krankheiten und Beschwerden nicht nur auf der physischen Ebene existieren, sondern auch als energetische Störungen in der Aura sichtbar werden. Durch gezielte Techniken soll das energetische Gleichgewicht wiederhergestellt werden, was sich positiv auf den physischen Körper auswirken kann.

**Biofeldtherapie – ein Praxisbeispiel**

Angenommen, ein Patient klagt über chronische Müdigkeit, die keine medizinische Ursache zu haben scheint. Der Therapeut könnte dann spezielle Techniken anwenden, um das energetische Gleichgewicht in der Aura des Patienten wiederherzustellen. Nach mehreren Sitzungen stellt der Patient fest, dass seine Energielevel gestiegen sind und die chronische Müdigkeit nachgelassen hat. Dies zeigt, wie die Biofeldtherapie durch die Manipulation der Aura das physische und emotionale Wohlbefinden beeinflussen könnte.

Ein weiteres interessantes Feld ist die Forschung im Bereich der Kirlianfotografie, die es ermöglicht, die Aura sichtbar zu machen. Obwohl diese Methode in der wissenschaftlichen Gemeinschaft umstritten ist, gibt es Studien, die darauf hindeuten, dass Veränderungen in der Aura mit bestimmten Krankheitsbildern korrelieren könnten. Einige Forscher sehen in der Kirlianfotografie daher ein potentielles diagnostisches Werkzeug der Zukunft.

**Kirlianfotografie – ein Praxisbeispiel**
In einer möglichen Anwendung der Kirlianfotografie könnte ein Forscherteam die Aura eines Patienten mit chronischen Schmerzen untersuchen. Der Patient hat bereits zahlreiche medizinische Tests durchlaufen, doch eine klare Ursache für seine Beschwerden konnte nicht gefunden werden. Die Forscher nutzen die Kirlianfotografie, um die energetischen Muster der Aura des Patienten zu erfassen. Sie entdecken auffällige Unregelmäßigkeiten, die mit den Schmerzbereichen korrespondieren könnten. Nach einer Reihe von energetischen Behandlungen, die auf die identifizierten Unregelmäßigkeiten abzielen, wird die Aura des Patienten erneut fotografiert. Die Forscher stellen fest, dass die zuvor gesehenen energetischen Unregelmäßigkeiten weniger geworden sind. Parallel dazu berichtet der Patient von einer deutlichen Reduzierung seiner Schmerzen. Dies könnte darauf hindeuten, dass die Kirlianfotografie als ergänzendes Instrument zur Identifizierung und Behandlung von energetischen Ungleichgewichten dienen könnte, die mit chronischen Schmerzen in Ve rbindung stehen.

Auch in der Psychologie gibt es Ansätze, die Aura in die Diagnostik und Therapie einzubeziehen. So wird in einigen Therapieformen die Farbe der Aura interpretiert, um Rückschlüsse auf den emotionalen Zustand des Patienten zu ziehen. Rot könnte beispielsweise für Stress oder Wut stehen, während Blau für Ruhe und Gelassenheit steht. Obwohl die wissenschaftlichen Beweise für die Existenz und Bedeutung der Aura noch ausstehen, zeigt sich die Medizin zunehmend offen für den Gedanken, dass der Mensch mehr ist als die Summe seiner physischen Teile. Es ist ein spannender Trend, der die Tür zu neuen Möglichkeiten der Diagnose und Behandlung öffnen könnte. In diesem Kapitel erfolgt eine intensive Auseinandersetzung mit der Aura und ihren verschiedenen Schichten. Methoden zur Wahrnehmung der eigenen Aura sowie der Aura anderer Menschen werden vorgestellt. Zudem beleuchtet das Kapitel die Verbindung zwischen der Aura und der Aurachirurgie. Die Aura ist nicht nur ein beeindruckendes Phänomen, sondern bietet auch die Grundlage für ein umfassenderes Verständnis und für Heilung auf verschiedenen Ebenen.

# WAHRNEHMEN, SEHEN & FÜHLEN

Die Aura geht über die allgemeine Vorstellung von „Ausstrahlung“ weit hinaus und kann als ein vielschichtiges, biophysikalisches Energiefeld betrachtet werden. Dieses Feld umschließt nicht nur den physischen Körper, sondern durchdringt ihn auch, ähnlich wie ein Magnetfeld Eisenpartikel durchdringt und anzieht. Obwohl die schulmedizinische Forschung bisher keine handfesten Beweise für die Existenz der Aura liefern konnte, gibt es zahlreiche Beispiele und Erfahrungsberichte, die ihre Wirkung belegen. Diese werden nachfolgend genauer erläutert.

## Qi und die Kunst der Aura im Kampfsport

In asiatischen Kampfkünsten etwa spielt das bereits erwähnte Konzept des „Qi“ eine zentrale Rolle. Hier wird die Aura nicht nur als ein abstraktes Konzept betrachtet, sondern als eine reale, messbare Energie, die trainiert, gesteuert und im Kampf eingesetzt werden kann. In diesen Traditionen wird die Fähigkeit, das eigene „Qi“ zu kontrollieren, oft über Jahre hinweg verfeinert und stellt einen wichtigen Bestandteil der Kampfkunst dar.

Stresssituationen haben einen bemerkenswerten Einfluss auf die Aura, sowohl in Kampfsportarten als auch im täglichen Leben. Bei einem erfahrenen Kämpfer beispielsweise spiegelt die Aura eine besondere Art von Souveränität und Gelassenheit wider. Diese Eigenschaften sind nicht einfach angeboren, sondern das Ergebnis jahrelanger Praxis und mentaler Schulung. Durch gezieltes Training lernt der Kämpfer, Stressreaktionen zu kontrollieren und sogar zu seinem Vorteil zu nutzen. Dies zeigt sich in einer Aura, die diese Souveränität und Gelassenheit ausstrahlt und oft als einschüchternd oder beruhigend auf den Gegner wirken kann.

Die Fähigkeit, die Aura zu lesen und zu interpretieren, wird in einigen Kampfkunsttraditionen so weit verfeinert, dass sie fast an eine Kunstform grenzt. Es gibt Berichte, insbesondere aus der Welt der Samurai, die besagen, dass erfahrene Kämpfer in der Lage waren, den Ausgang eines Duells allein durch die Beurteilung der Aura des Gegners zu bestimmen. In diesen Fällen wurde die Aura als eine Art „energetischer Fingerabdruck" betrachtet, der Aufschluss über die Fähigkeiten, die Erfahrung und sogar die Absichten des Gegners geben konnte. Ein Samurai, der diese Kunst beherrschte, konnte oft schon vor Beginn des physischen Kampfes erkennen, ob er siegreich sein würde oder nicht, und entsprechend handeln.

## Die Aura in der Medizin

In der Medizin zeichnet sich ein wachsendes Interesse an der Nutzung der Aura für diagnostische und therapeutische Zwecke ab. Einige fortschrittliche Ärzte und Heilpraktiker experimentieren bereits mit Methoden, die über die konventionelle Medizin hinausgehen. Ein Ansatz besteht darin, die Verträglichkeit von Medikamenten oder anderen therapeutischen Substanzen zu prüfen, indem Veränderungen in der eigenen Aura beobachtet werden. Dieser Ablauf ist oft subtil und erfordert ein hohes Maß an Sensibilität und Erfahrung. Durch das Ertasten des Pulses an der Arteria radialis, einer der Hauptarterien des Unterarms, können diese Mediziner feine Veränderungen in der Energieflussdynamik feststellen. Diese Veränderungen werden als Indikatoren für die Verträglichkeit oder mögliche Nebenwirkungen der getesteten Substanzen interpretiert.

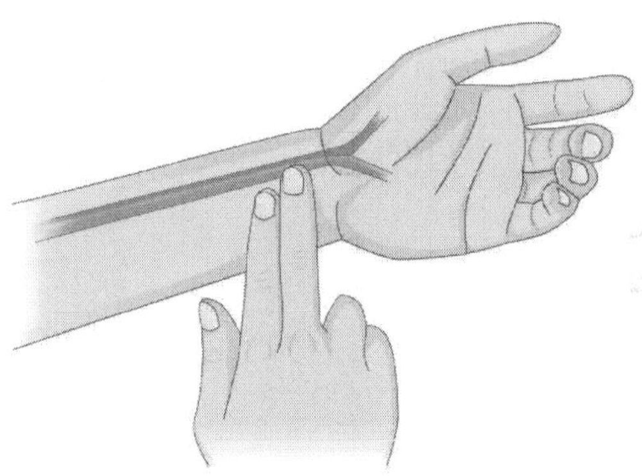

Es handelt sich hierbei um eine sehr individuelle und personalisierte Form der Diagnostik, die das Potenzial hat, die Behandlung auf eine neue Ebene zu heben. Sie ermöglicht es dem Arzt, eine intensivere Verbindung zum Patienten herzustellen und die Behandlung stärker auf die individuellen Bedürfnisse abzustimmen. Obwohl dieser Ansatz noch nicht allgemein anerkannt ist, zeigt er die vielfältigen Möglichkeiten auf, die sich durch ein besseres Verständnis der Aura ergeben könnten.

## Die verschiedenen Energiefelder der Aura

Die Aura ist ein komplexes Gebilde, das aus mehreren Energiefeldern unterschiedlicher Dichte und Qualität besteht. Jedes dieser Felder hat seine eigene Funktion und Bedeutung.

Der Ätherleib etwa ist das Energiefeld, das am nächsten am physischen Körper liegt und als Bindeglied zwischen dem physischen und dem energetischen Selbst dient. Das Astralfeld ist das Zentrum der Emotionen und Gefühle, während das Mentalfeld Gedanken und Überzeugungen repräsentiert. Das Kausalfeld schließlich ist das höchste Energiefeld und wird als das Zentrum der spirituellen Erkenntnis und des höheren Bewusstseins angesehen.

Jedes Energiefeld hat seine eigene Funktion und ist auf eine bestimmte Weise mit dem physischen und dem energetischen Selbst verbunden. Die Reihenfolge, in der die Felder aufgeführt sind, spiegelt ihre Nähe zum physischen Körper und ihre jeweilige „Dichte" wider.

*Die sieben Auraschichten*

**7. Auraschicht**
Mentalkörper der immateriellen Ebene

**6. Auraschicht**
Emotionalkörper der immateriellen Ebene

**5. Auraschicht**
Ätherkörper der immateriellen Ebene

**4. Auraschicht**
Astralkörper

**3. Auraschicht**
Mentalkörper

**2. Auraschicht**
Emotionalkörper

**1. Auraschicht**
Ätherkörper

Der Ätherleib ist das Energiefeld, das am nächsten am physischen Körper liegt. Er dient als Bindeglied und ist somit für die unmittelbare körperliche Gesundheit besonders relevant. Das Astralfeld folgt und ist das Zentrum der Emotionen und Gefühle. Es hat eine direkte Auswirkung auf die emotionale Befindlichkeit.

Das Mentalfeld folgt als Nächstes und dient als Zentrum für Gedanken und Überzeugungen. Dieses Feld beeinflusst die Interpretation der Welt sowie die Reaktion darauf. Schließlich ist das Kausalfeld das höchste Energiefeld und wird als das Zentrum der spirituellen Erkenntnis und des höheren Bewusstseins angesehen. Es hat die feinste „Dichte" und ist am weitesten vom physischen Körper entfernt.

Die Qualität und Klarheit dieser Energiefelder sind eng mit der Bewusstseinsstufe des jeweiligen Individuums verknüpft. Je höher die Bewusstseinsstufe, desto klarer und stärker sind die Energiefelder der Aura. Eine klare und starke Aura wirkt wie ein energetischer Schutzschild. Sie schützt vor negativen Einflüssen und ermöglicht es dem Individuum, positive Energien wie Liebe, Frieden und Mitgefühl auszustrahlen. Dies hat nicht nur Auswirkungen auf das eigene Wohlbefinden, sondern beeinflusst auch die Interaktionen mit der Umwelt und den Menschen in der näheren Umgebung.

## Kirlianfotografie

Ein weiteres Instrument zur Visualisierung der Aura ist die Kirlianfotografie. Diese Technik wurde in den 1930er Jahren von dem sowjetischen Ehepaar Semjon und Walentina Kirlian entwickelt. Semjon Kirlian (1898–1978) und Walentina Kirlian (1900–1972) haben seitdem die Neugier von Wissenschaftlern, Künstlern und spirituellen Suchenden gleichermaßen geweckt. Die Methode basiert auf dem Phänomen der Korona-Entladungen, elektrischen Entladungen in einem nicht leitenden Medium wie der Luft. Diese Entladungen erzeugen eine Leuchterscheinung, die fotografisch festgehalten werden kann.

Was die Kirlianfotografie so besonders macht, ist ihre Fähigkeit, diese Korona-Entladungen als visuelle Repräsentation der Aura darzustellen. Durch die Anwendung von Hochfrequenz und Hochspannung auf ein Objekt – sei es ein Finger, eine Pflanze oder ein Kristall –

entstehen leuchtende Muster, die als energetische „Fingerabdrücke" interpretiert werden können. Diese Muster variieren je nach Zustand und Qualität der Aura des fotografierten Objekts und bieten somit einen einzigartigen Einblick in dessen energetische Verfassung.

Die Kirlianfotografie hat nicht nur in der Forschung, sondern auch in der Kunst und in spirituellen Praktiken Anwendung gefunden. Sie bietet eine fesselnde Möglichkeit, das Unsichtbare sichtbar zu machen, und öffnet die Tür zu einem genaueren Verständnis der komplexen energetischen Strukturen, die jedes Lebewesen umgeben.

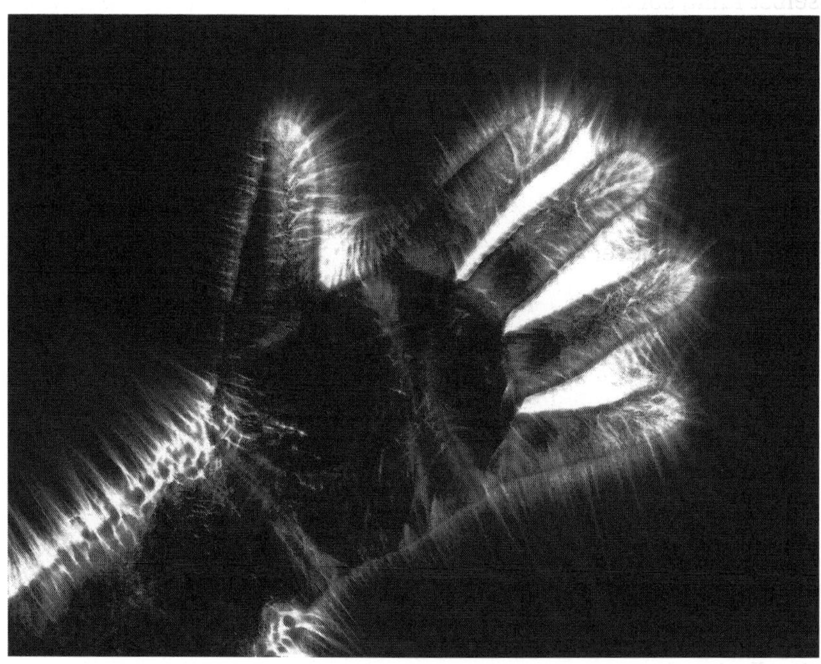

# DIE AURASCHICHTEN DES FEINSTOFFLICHEN KÖRPERS

Das Energiefeld, das jedes Lebewesen umgibt, stellt weit mehr als eine unsichtbare Hülle dar. Es agiert als eine Art energetisches Archiv, in dem alle emotionalen und mentalen Zustände festgehalten werden. Von Freude und Liebe bis hin zu Trauma und Angst hinterlässt jede Emotion und jeder Gedanke eine energetische Signatur in diesem Feld. Diese Signatur hat nicht nur Einfluss darauf, wie sich jemand selbst fühlt, sondern auch darauf, wie die Person von anderen wahrgenommen wird.

Das Chakrensystem, ein Netzwerk von sieben Hauptenergiezentren entlang der Wirbelsäule, ist eng mit der Aura verknüpft. Diese Energiezentren sind die Schnittstellen, über die der physische Körper mit dem Energiefeld interagiert. Ein Ungleichgewicht in einem Chakra kann daher weitreichende Auswirkungen auf die Aura haben. Umgekehrt kann eine gestörte Aura die Funktion der Chakren beeinträchtigen, was sich wiederum auf den emotionalen und physischen Zustand auswirkt.

Die Aura selbst ist nicht monolithisch (d. h. ein einziger, unveränderlicher Block), sondern besteht aus mehreren Schichten feinstofflicher Energie. Jede dieser Schichten hat eine spezifische Dichte und Funktion und steht in Wechselwirkung mit den anderen. Zum Beispiel dient die äußerste Schicht als Schutzschild gegen äußere energetische Einflüsse, während die innersten Schichten tiefere emotionale und spirituelle Aspekte repräsentieren.

Ein harmonisches Zusammenspiel dieser verschiedenen Auraschichten ist entscheidend für die Gesundheit. Wenn die Aura klar und stark ist, dient sie als eine Art energetischer Rüstung. Sie schützt vor negativen Einflüssen und ermöglicht es dem Individuum, positive Energien wie Liebe und Frieden auszustrahlen. Dies hat nicht nur einen positiven Effekt auf die eigene Stimmung, sondern beeinflusst auch die Qualität der Interaktionen mit anderen Menschen.

Das Verständnis der eigenen Aura und ihrer verschiedenen Schichten kann als Wegweiser zu einer gesteigerten Lebensqualität dienen. Es ermöglicht eine bewusstere Interaktion mit der eigenen inneren Welt sowie mit der äußeren Umgebung. Durch die Kenntnis der eigenen energetischen Verfassung lässt sich gezielter an persönlichen Themen arbeiten, was zu einem erfüllteren und harmonischeren Leben beiträgt.

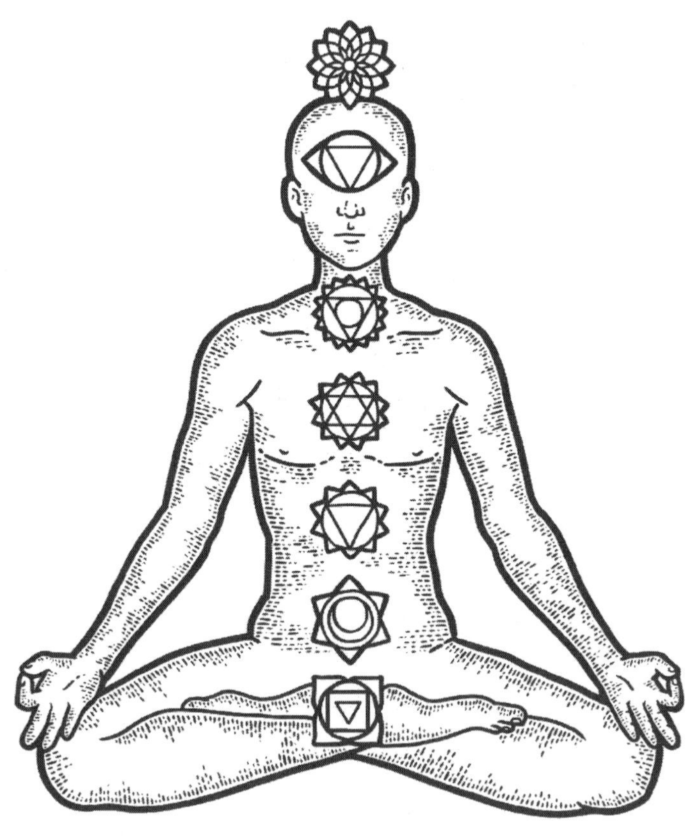

## Übung: Das Unsichtbare sehen – Die Aura wahrnehmen

Das Wahrnehmen der Aura ist eine Fähigkeit, die nicht nur für spirituell Suchende, sondern auch für Menschen in vielen Lebensbereichen von Nutzen sein kann. Ob in der Medizin, in zwischenmenschlichen Beziehungen oder im Bereich der persönlichen Entwicklung – das „Lesen" der Aura kann wertvolle Einblicke bieten. Dabei handelt es sich nicht um eine esoterische Spielerei, sondern um eine ernstzunehmende Praxis, die in verschiedenen Kulturen und Traditionen seit Jahrhunderten angewendet wird, z. B. in der indischen Vedic-Tradition, der chinesischen Qi-Gong-Praxis oder auch in schamanischen Kulturen Südamerikas.

Die Aura ist, wie bereits erläutert, ein komplexes Energiefeld, das den physischen Körper umgibt und durchdringt. Sie ist ein Spiegel der inneren Verfassung und kann Aufschluss über emotionale, mentale und sogar spirituelle Zustände geben. Die Fähigkeit, die Aura zu sehen oder zu spüren, ist nicht angeboren, sondern kann erlernt und verfeinert werden. Es gibt verschiedene Techniken und Methoden, die dabei helfen können, die eigene Wahrnehmung zu schärfen.

Bevor Sie jedoch mit dem Aurasehen beginnen, ist es ratsam, sich in einem ruhigen Zustand der Entspannung und Konzentration zu befinden. Ein ruhiger Geist und ein entspannter Körper sind die Grundvoraussetzungen, um die subtilen Energiefelder wahrnehmen zu können. Meditation oder Atemübungen können dabei hilfreich sein. Besonders effektiv für die Vorbereitung auf das Aurasehen ist eine spezielle Atemübung, die Ihre Aufmerksamkeit fokussiert und Ihr Energiefeld klärt.

**Anleitung: Atemfokus für Aurawahrnehmung**

- Setzen Sie sich bequem auf einen Stuhl oder ein Kissen und schließen Sie die Augen. Legen Sie Ihre Hände entspannt auf die Oberschenkel oder in den Schoß.
- Beginnen Sie, durch die Nase einzuatmen, während Sie bis vier zählen. Halten Sie den Atem für vier weitere Zählzeiten an.
- Atmen Sie dann langsam durch den Mund aus, ebenfalls während einer Zählzeit von vier. Nach dem Ausatmen halten Sie den Atem für vier Zählzeiten an, bevor Sie den Zyklus wiederholen.
- Während Sie atmen, stellen Sie sich vor, wie frische Energie beim Einatmen durch Ihre Nase in Ihren Körper strömt und wie alle Anspannungen und Blockaden beim Ausatmen durch den Mund entweichen.
- Wiederholen Sie diesen Atemzyklus mindestens fünfmal oder so lange, bis Sie sich ruhig und zentriert fühlen.

Diese Atemübung hilft nicht nur, den Geist zu beruhigen, sondern auch, das eigene Energiefeld zu harmonisieren. Sie schafft eine solide Grundlage für die Wahrnehmung feiner energetischer Schwingungen, wie sie in der Aura vorkommen. Nach dieser Übung sind Sie optimal vorbereitet, um mit dem Aurasehen zu beginnen.

## Praxisübung: Aurasehen, erste Schritte

Das Wahrnehmen der Aura ist eine Fähigkeit, die jeder erlernen kann. Es erfordert Geduld, Übung und vor allem die Bereitschaft, sich auf die subtilen Energien einzulassen, die alle umgeben. Diese Übung ist für Anfänger konzipiert und soll Ihnen dabei helfen, die ersten Schritte in der faszinierenden Welt des Aurasehens zu machen. Sie ist einfach, erfordert aber Konzentration und Ruhe.

### Einstieg in die Aura-Wahrnehmung

- Bevor Sie beginnen, sorgen Sie für eine ruhige und störungsfreie Umgebung. Schalten Sie Ihr Telefon aus und stellen Sie sicher, dass Sie für die Dauer der Übung ungestört sind.
- Setzen oder stellen Sie sich bequem hin. Achten Sie darauf, dass Ihre Wirbelsäule gerade ist, um einen freien Energiefluss zu ermöglichen.
- Strecken Sie eine Hand vor sich aus, sodass die Fingerspitzen gut sichtbar sind. Ihr Blick sollte weich und entspannt sein. Fokussieren Sie die Fingerspitzen und lassen Sie den Blick leicht verschwimmen.
- Versuchen Sie, den Bereich direkt um Ihre Hand herum wahrzunehmen, ohne den Blick zu verändern. Halten Sie diesen Zustand für einige Minuten aufrecht.
- Nach einer Weile könnten Sie eine Art „Schwadenbildung" oder „Nebel" um Ihre Hand herum bemerken. Dies ist der erste Schritt zur Wahrnehmung der Aura.
- Mit der Zeit und regelmäßiger Übung werden Sie feststellen, dass Ihre Wahrnehmung immer schärfer wird. Sie werden beginnen, Farben und Formen in der Aura zu erkennen. Diese können Aufschluss über verschiedene emotionale und spirituelle Zustände geben.
- Notieren Sie Ihre Beobachtungen in einem Tagebuch. Dies wird Ihnen helfen, Ihre Fähigkeiten im Laufe der Zeit zu verfeinern.

## Alle Sinne öffnen – Die Aura lesen

Die Fähigkeit, die Aura zu sehen, ist nur der Anfang des Verständnisses für die energetischen Felder, die alle Lebewesen umgeben. Doch die Aura ist nicht nur visuell wahrnehmbar. Sie ist ein komplexes, vielschichtiges Energiefeld, das auch gefühlt, gehört und sogar „gelesen" werden kann. Jede Schicht der Aura enthält Informationen über verschiedene Aspekte des Seins – von der physischen Gesundheit bis hin zu emotionalen Zuständen und spirituellen Erkenntnissen.

Das Lesen der Aura geht über die bloße Wahrnehmung hinaus. Es ist ein ganzheitlicher Ansatz, der alle Sinne einbezieht und ein Eintauchen in die verschiedenen Ebenen der Aura ermöglicht. Dabei können auch intuitive Fähigkeiten und innere Wahrnehmungen eine Rolle spielen. Einige Menschen berichten von einer Art „innerem Wissen", das ihnen beim Lesen der Aura hilft, während andere auf körperliche Empfindungen wie Wärme oder Kälte achten.

Das Ziel ist es, ein umfassendes Bild der Aura und ihrer verschiedenen Aspekte zu erhalten. Dies kann besonders nützlich sein, um Blockaden oder energetische Ungleichgewichte zu identifizieren und entsprechende Maßnahmen zu ergreifen. Es ist jedoch wichtig, sich daran zu erinnern, dass das Lesen der Aura eine sehr persönliche Erfahrung ist. Was für eine Person funktioniert, muss nicht zwangsläufig für eine andere gelten. Daher ist es ratsam, verschiedene Techniken auszuprobieren und herauszufinden, welche am besten zu Ihnen passt.

Nachdem Sie nun ein vertieftes Verständnis für die Vielschichtigkeit der Aura und die diversen Wege ihrer Wahrnehmung erlangt haben, folgt als Nächstes eine Übung. Diese soll dazu dienen, die Sinne für die Aura zu schärfen. Mehr dazu im nächsten Abschnitt.

## Praxisübung: Sensibilisierung für die Aura-Energien

Das Fühlen der Aura ist eine Erfahrung, die nicht nur visuelle, sondern auch emotionale und energetische Aspekte umfasst. Diese Übung ist speziell darauf ausgerichtet, die Sinne für die subtilen Energien der Aura zu öffnen.

**Aura-Sensitivität**

- Sorgen Sie für eine ruhige und ungestörte Atmosphäre. Stellen Sie sicher, dass das Telefon ausgeschaltet ist und keine Störungen zu erwarten sind.
- Nehmen Sie eine entspannte Sitz- oder Stehposition ein. Die Wirbelsäule sollte
- gerade sein, um den freien Fluss der Energie zu ermöglichen.
- Schließen Sie die Augen und nehmen Sie einige bewusste Atemzüge. Spüren Sie, wie mit jedem Atemzug Ruhe und Klarheit in Ihren Geist einkehren.
- Öffnen Sie die Augen und legen Sie Ihre Handflächen vor sich, ohne sie zu berühren. Konzentrieren Sie sich auf den Raum zwischen den Händen und versuchen Sie, die Energie, die diesen Raum erfüllt, zu spüren.
- Nach einigen Momenten könnten Sie eine Wärme, ein Kribbeln oder andere Empfindungen zwischen Ihren Händen spüren. Dies sind erste Anzeichen dafür, dass Sie beginnen, die Aura energetisch zu erfassen.
- Mit fortlaufender Übung werden Sie feststellen, dass diese Empfindungen differenzierter werden. Sie könnten in der Lage sein, unterschiedliche Qualitäten oder „Texturen“ der Energie zu fühlen, die von emotionalen oder spirituellen Zuständen zeugen können.
- Halten Sie Ihre Erfahrungen und Empfindungen in einem Tagebuch fest.

# Einführung in die Aurachirurgie

Die Aurachirurgie stellt eine faszinierende Schnittstelle zwischen energetischer und physischer Heilung dar. Bei dieser Methode geht es darum, den feinstofflichen Körper – die Aura – als Ausgangspunkt für Diagnose und Therapie zu nutzen. Jedes Lebewesen, ob Mensch oder Tier, besitzt neben dem physischen Körper einen energetischen Körper, der für die meisten Menschen nicht sichtbar ist. Dieses Energiefeld ist jedoch nicht isoliert, sondern steht in ständiger Wechselwirkung mit dem physischen Körper. Körperliche Beschwerden, Blockaden und Krankheitssymptome spiegeln sich in der Aura wider und können dort aufgespürt und behandelt werden.

Bei dieser ganzheitlichen Methode geht es darum, nicht nur den physischen, sondern auch den energetischen Körper zu behandeln. Sie erweitert das Spektrum der Schulmedizin beträchtlich und basiert auf der Annahme, dass jedem sichtbaren Organ ein energetisches Gegenstück im Energiefeld zugeordnet ist. Durch das gezielte Senden von Heilimpulsen an diese energetischen Organe wird ein Zustand des „Heilseins" initiiert. Dieser Zustand überträgt sich dann auf das physische, sichtbare Organ. So tritt, gemäß dem Prinzip „Materie folgt der Energie", die Selbstheilung in Aktion. Doch die Aurachirurgie beschränkt sich nicht nur auf körperliche Themen. In der Aura sind alle Informationen gespeichert, einschließlich solcher, die Ihnen nicht mehr dienen und Sie blockieren. Durch verschiedene Methoden der

Aurachirurgie können diese Energiefelder stimuliert, Blockaden gelöst und das gesamte System harmonisiert werden.
Die Methode hat in den letzten Jahren eine bemerkenswerte Entwicklung durchgemacht und findet immer mehr Anerkennung sowohl in der alternativen als auch in der Schulmedizin. Sie bietet ein breites Anwendungsspektrum, von der Behandlung von Entzündungen und Schmerzen bis hin zur energetischen Wirbelsäulenaufrichtung und der Harmonisierung von Körperflüssigkeiten.

Die Aurachirurgie öffnet somit neue Horizonte in der Heilkunst und bietet spannende Möglichkeiten für alle, die nach ganzheitlichen Behandlungsmethoden suchen.

## WIE AURACHIRURGIE FUNKTIONIERT

Die Aura dient als eine Art Spiegel für den gesundheitlichen Zustand. Sie ist mehr als nur ein leuchtendes Schimmern, das manche Menschen sehen können; sie ist ein komplexes System aus verschiedenen Energieströmen und -schichten. In dieser feinstofflichen Hülle spiegeln sich nicht nur Emotionen und Gedanken, sondern auch körperliche Zustände wider. Wenn es im physischen Körper zu Beschwerden kommt, etwa durch Krankheiten oder Blockaden, zeigen sich diese Veränderungen auch in der Aura.

In der Aurachirurgie wird dieses Wissen gezielt genutzt, um die Ursachen für körperliche Beschwerden zu identifizieren. Durch spezielle Techniken und Methoden können erfahrene Praktizierende die Aura „lesen" und energetische Ungleichgewichte erkennen. Diese Ungleichgewichte können sich in verschiedenen Formen manifestieren, beispielsweise als dunkle Flecken oder Verzerrungen im Energiefeld. Sobald diese erkannt sind, bietet die Aurachirurgie Werkzeuge an, um direkt im Energiefeld therapeutisch tätig zu werden.

Die Behandlung im Energiefeld hat den Vorteil, dass sie nicht-invasiv und frei von Nebenwirkungen ist. Durch die gezielte Zuführung von Heilenergie können Blockaden gelöst und der Energiefluss wiederhergestellt werden. Dies hat oft eine unmittelbare positive Wirkung auf den physischen Körper. Schmerzen können gelindert, Entzündungen reduziert und der allgemeine Gesundheitszustand verbessert werden.

So wird die Aura nicht nur als Diagnoseinstrument genutzt, sondern auch als Therapiefeld, in dem Veränderungen initiiert werden können, die sich positiv auf den physischen Körper auswirken. Es ist eine ganzheitliche Herangehensweise, die Körper, Geist und Seele in Einklang bringt und die Selbstheilungskräfte aktiviert.

## VIELSEITIGE ANWENDBARKEIT

Die Reichweite der Aurachirurgie erstreckt sich weit über die menschliche Anatomie hinaus und findet auch in der Tierwelt Anwendung. Tiere, ähnlich wie Menschen, besitzen ebenfalls eine Aura, die ihre physischen und emotionalen Zustände reflektiert. Diese universelle Eigenschaft macht die Aurachirurgie zu einer vielseitigen Behandlungsmethode, die sowohl bei Menschen als auch bei Tieren wirkungsvoll ist.

In der Aurachirurgie wird davon ausgegangen, dass jedes physische Organ – ob bei Mensch oder Tier – ein energetisches Gegenstück im Energiefeld besitzt. Diese energetischen Organe sind nicht nur Abbilder ihrer materiellen Pendants, sondern stehen in einer dynamischen Wechselbeziehung zu ihnen. Wenn das energetische Organ gesund ist, beeinflusst dies positiv den Zustand des physischen Organs und umgekehrt. Die Behandlung beginnt mit der Zuführung eines sogenannten Heilimpulses an das energetische Organ. Dieser Impuls kann durch verschiedene Techniken erzeugt werden. Hierzu gehören beispielsweise Reiki, eine japanische Methode zur Energieübertragung durch Handauflegen, oder Shiatsu, eine aus Japan stammende Körpertherapie, die durch Druck auf bestimmte Punkte des Körpers energetische Blockaden lösen soll. Andere Methoden könnten energetische Fernbehandlung oder spezielle Instrumente sein, die auf energetischer Ebene arbeiten. Sobald der Heilimpuls gesetzt ist, entsteht ein Zustand des „Heilseins" im energetischen Organ. Dieser Zustand ist nicht statisch, sondern dynamisch und wirkt wie eine Art Blaupause für das physische Organ.

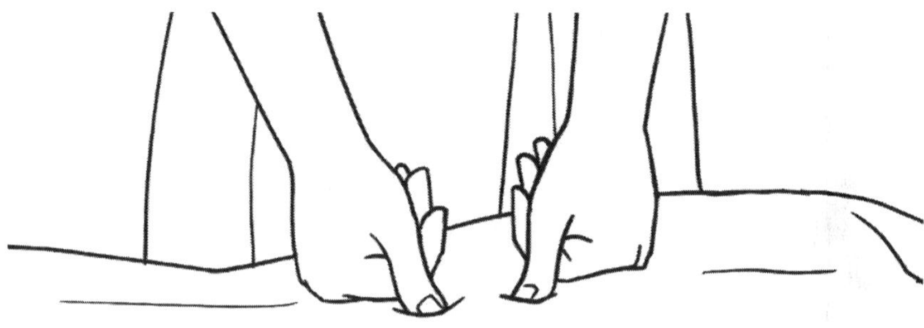

Dieser heilsame Zustand überträgt sich dann auf das physische, sichtbare Organ. Es ist, als würde die Information eines gesunden, harmonischen Zustands vom energetischen zum materiellen Organ fließen. Dies geschieht gemäß dem universellen Prinzip, dass Materie der Energie folgt. In der Folge setzt die Selbstheilung ein, unterstützt durch die neu ausgerichteten energetischen Strukturen.

So bietet die Aurachirurgie eine ganzheitliche Behandlungsmöglichkeit, die nicht nur Symptome lindert, sondern an der Wurzel des Problems ansetzt. Sie aktiviert die Selbstheilungskräfte und fördert ein tiefgreifendes Wohlbefinden, das sich auf alle Ebenen des Seins erstreckt – sowohl bei Menschen als auch bei Tieren.

# GANZHEITLICHE HARMONISIERUNG DURCH AURACHIRURGIE

Die Aurachirurgie beschränkt sich nicht nur auf die Behandlung physischer Beschwerden, sondern nimmt das gesamte Energiefeld des Individuums in den Blick. In der Aura sind zahlreiche Informationen gespeichert, die das gesamte Sein einer Person abbilden. Dazu gehören nicht nur körperliche Zustände, sondern auch emotionale Verfassungen, Gedankenmuster und sogar spirituelle Erfahrungen. Diese Informationen formen eine Art energetisches Archiv, das die Persönlichkeit und die Lebenserfahrung eines Individuums widerspiegelt.

Im Laufe des Lebens sammeln sich in diesem energetischen Archiv jedoch auch Informationen an, die nicht mehr dienlich sind. Manchmal handelt es sich um alte Glaubenssätze, überholte Verhaltensmuster oder emotionale Blockaden, die das persönliche Wachstum hemmen oder sogar schädigen können. Diese störenden Elemente wirken wie energetische Barrieren, die den freien Fluss der Lebensenergie behindern und beeinträchtigen.

Die Aurachirurgie bietet hierfür eine Lösung an, indem sie verschiedene Methoden und Techniken einsetzt, um diese energetischen Barrieren zu identifizieren und zu entfernen. Dies kann durch Handauflegen, energetische Fernbehandlung oder spezielle Instrumente erfolgen, die auf der feinstofflichen Ebene arbeiten. Sobald diese Blockaden gelöst sind, wird das gesamte Energiefeld neu ausgerichtet, was zu einer Harmonisierung auf allen Ebenen führt – körperlich, emotional und spirituell. Dieser ganzheitliche Ansatz der Aurachirurgie fördert nicht nur die Selbstheilung, sondern auch ein Gefühl des Wohlseins und der inneren Balance. Die Lebensqualität steigt, da die energetischen Barrieren, die das persönliche Wachstum behindert haben, entfernt wurden. So ermöglicht die Aurachirurgie eine umfassende Transformation, die weit über die reine Symptombehandlung hinausgeht und den Menschen in seiner Ganzheit erfasst.

## GESCHICHTE DER AURACHIRURGIE

Die Ursprünge der Aurachirurgie sind in der Verbindung von traditioneller und alternativer Medizin verwurzelt. Während die Schulmedizin sich vorwiegend auf die Behandlung physischer Symptome konzentriert, nimmt die Aurachirurgie eine ganzheitlichere Perspektive ein. Sie berücksichtigt sowohl den physischen als auch den energetischen Zustand des Individuums. Interessanterweise finden sich die ersten Technologien zur Darstellung der Aura in der russischen Militärforschung. Diese Forschungen begannen vorwiegend in den 1960er und 1970er Jahren, während des Kalten Krieges, und legten den Grundstein für die moderne Aurachirurgie und ihre Methoden zur Visualisierung des energetischen Körpers.

Mit der Zeit hat sich die Aurachirurgie weiterentwickelt und verfeinert. Die ursprünglichen Techniken wurden durch den Einsatz moderner Computersysteme ergänzt, die in der Lage sind, den Energiekörper des Menschen detailliert zu visualisieren. Diese technologischen Fortschritte haben nicht nur die Präzision der Aurachirurgie erhöht, sondern auch ihr Anwendungsspektrum erweitert. Heute steht eine Vielzahl von Methoden und Techniken zur Verfügung, die es ermöglichen, eine breite Anzahl von Beschwerden und Zuständen zu behandeln, die von physischen Krankheiten bis hin zu emotionalen und psychischen Problemen reichen.

### Verbindung zur Schulmedizin

Die Aurachirurgie verbindet Elemente der traditionellen Chirurgie mit den Prinzipien energetischer Heilmethoden und stellt somit eine einzigartige Form der medizinischen Behandlung dar. Obwohl sie in ihrer Grundstruktur auf den Prinzipien der Schulmedizin basiert, unterscheidet sie sich in der Anwendung der Instrumente und der Herangehensweise deutlich. Während in der klassischen Chirurgie physische Instrumente wie Skalpelle, Zangen und Nadeln zum Einsatz kommen, um direkt am Körper des Patienten zu arbeiten, nutzt die Aurachirurgie eine andere Art von „Werkzeugen".

In der Aurachirurgie werden sogenannte „Surrogate" verwendet. Dies sind in der Regel anatomische Modelle, Abbildungen oder sogar Fotos von Organen und Körperteilen. Sie dienen als energetische Repräsentationen des Patienten und ermöglichen es dem Therapeuten, auf einer feinstofflichen Ebene zu arbeiten. Durch die Konzentration auf diese Surrogate wird eine energetische Verbindung zum realen Organ oder Körperteil des Patienten hergestellt. Das bedeutet, dass die Behandlung nicht direkt am physischen Körper des Patienten stattfindet, sondern auf einer energetischen Ebene, die jedoch eine direkte Auswirkung auf den physischen Zustand haben kann.

Diese Herangehensweise ermöglicht eine sehr präzise und fokussierte Behandlung, da der Therapeut durch die Arbeit am Surrogat in der Lage ist, energetische Ungleichgewichte und Blockaden im Energiefeld des Patienten zu identifizieren und zu korrigieren. Dabei wird kein physischer Kontakt zum Patienten benötigt, was die Methode besonders schonend macht. So können auch Menschen und Tiere behandelt werden, bei denen eine konventionelle chirurgische Intervention nicht möglich oder nicht gewünscht ist.

Ein besonderes Phänomen in der Aurachirurgie ist die sogenannte „Resonanzbildung", die auf den Prinzipien der Quantenphysik basiert. Wenn der Therapeut an einem bestimmten Punkt des Surrogats, also des anatomischen Modells oder der Abbildung, eine energetische Behandlung vornimmt, entsteht eine Art energetische Kopplung zwischen dem Surrogat und dem realen Organ oder Körperteil des Patienten. Diese Kopplung wird als quantenphysikalische Verschränkung interpretiert.

Das bedeutet, dass der Patient in der Regel eine direkte Wahrnehmung oder ein Gefühl an der korrespondierenden Stelle seines eigenen Körpers verspürt, sobald der Therapeut am Surrogat arbeitet. Diese Resonanz ermöglicht eine besonders präzise und fokussierte

Behandlung, da der Therapeut durch die unmittelbare Rückmeldung des Patienten in der Lage ist, die Behandlung in Echtzeit anzupassen und zu optimieren. Interessanterweise berichten etwa 80 Prozent der Patienten, dass sie diese Form der Resonanz während der Behandlung tatsächlich erleben. Diese hohe Quote an direkter Wahrnehmung unterstreicht die Wirksamkeit der Aurachirurgie und bietet eine eindrucksvolle Bestätigung für die Existenz und Bedeutung des energetischen Körpers, der in dieser Therapieform behandelt wird. Die Resonanzbildung ist somit nicht nur ein faszinierendes Phänomen, sondern auch ein wichtiger Indikator für die Effektivität der Methode.

## Entwicklung und Fortschritte

In jüngerer Zeit hat die Aurachirurgie eine beeindruckende Evolution erlebt, die sowohl in der Technologie als auch in der Methodik ihren Ausdruck findet. Ein interessanter Ursprungspunkt für einige der Technologien, die heute in der Aurachirurgie verwendet werden, liegt in der russischen Militärforschung. Dort wurden ursprünglich Techniken entwickelt, um das energetische Feld eines Menschen sichtbar zu machen. Diese Technologien dienten anfangs ganz anderen Zwecken, haben aber den Weg für die moderne Aurachirurgie geebnet.

Heute stehen fortschrittliche Computersysteme zur Verfügung, die in der Lage sind, den Energiekörper des Menschen in Echtzeit zu visualisieren. Diese Systeme nutzen hochentwickelte Sensoren und Algorithmen, um die feinstofflichen Energiefelder zu erfassen und auf einem Bildschirm darzustellen. Dies hat nicht nur die Diagnosemöglichkeiten erheblich verbessert, sondern auch die Präzision der Behandlungen gesteigert. Durch die Visualisierung der Aura können Therapeuten nun gezielter energetische Unausgewogenheiten identifizieren und behandeln.

Diese technologischen Fortschritte haben die Anwendungsgebiete der Aurachirurgie erheblich erweitert. Ursprünglich lag der Fokus vor allem auf der Behandlung von physischen Beschwerden wie chronischen Schmerzen, Entzündungen oder Gelenkproblemen. Dank der neuen Technologien ist es nun auch möglich, emotionale und psychische Zustände wie Angstzustände, Depressionen oder Schlafstörungen durch die Identifizierung und Harmonisierung entsprechender energetischer Blockaden zu behandeln.

Die fortschrittliche Technologie hat die Aurachirurgie zu einer Methode gemacht, die die Grenzen zwischen traditioneller und alternativer Medizin zunehmend auflöst. Durch die Verbindung von wissenschaftlicher Forschung mit spirituellem Verständnis entwickelt sich die Aurachirurgie zu einer ganzheitlichen Behandlungsform. Sie berücksichtigt nicht nur den physischen, sondern auch den energetischen Zustand des Menschen.

Ein besonders eindrucksvolles Beispiel, das die weitreichenden Anwendungsmöglichkeiten der Aurachirurgie verdeutlicht, ist der Fall eines jungen Mannes, der mit intensiven Wutanfällen zu kämpfen hatte. Diese emotionalen Ausbrüche beeinträchtigten seine sozialen Beziehungen. Durch den Einsatz moderner Aura-Visualisierungstechniken konnte ein detailliertes Bild seines energetischen Zustands erstellt werden. Dabei wurde festgestellt, dass während eines Wutanfalls signifikante energetische Entladungen in seinem Energiefeld auftraten. Diese Entladungen zeigten sich als deutliche Veränderungen in der Farbe und Struktur seiner Aura. Diese Erkenntnisse sind nicht nur faszinierend, sondern auch äußerst aufschlussreich für die medizinische Forschung. Sie eröffnen völlig neue Perspektiven für die Behandlung von emotionalen und psychischen Zuständen, die über die Möglichkeiten der traditionellen Medizin hinausgehen. Durch die gezielte Manipulation der energetischen Entladungen im Energiefeld könnten Therapeuten in der Lage sein, die Wurzel des Problems direkt anzugehen, anstatt nur die Symptome zu behandeln. Dies könnte eine effektivere und nachhaltigere Lösung für den Patienten darstellen und somit seine Lebensqualität erheblich verbessern.

Die Aurachirurgie bietet somit eine spannende Schnittstelle zwischen Schulmedizin und alternativen Heilmethoden und eröffnet ein breites Spektrum an Behandlungsmöglichkeiten für eine Vielzahl von Beschwerden und Zuständen.

## DIE VERBINDUNG ZWISCHEN AURACHIRURGIE UND ENERGIEHEILUNG

Aurachirurgie und Energieheilung sind zwei Heilmethoden, die auf den ersten Blick unterschiedlich erscheinen mögen, jedoch viele Gemeinsamkeiten aufweisen. Beide Ansätze zielen darauf ab, die Gesundheit des Menschen auf einer energetischen Ebene zu fördern. Dabei wird das Verständnis genutzt, dass der menschliche Körper nicht nur aus Materie, sondern auch aus Energie besteht. Diese Energie fließt durch den gesamten Körper und ist entscheidend für die physische und psychische Gesundheit.

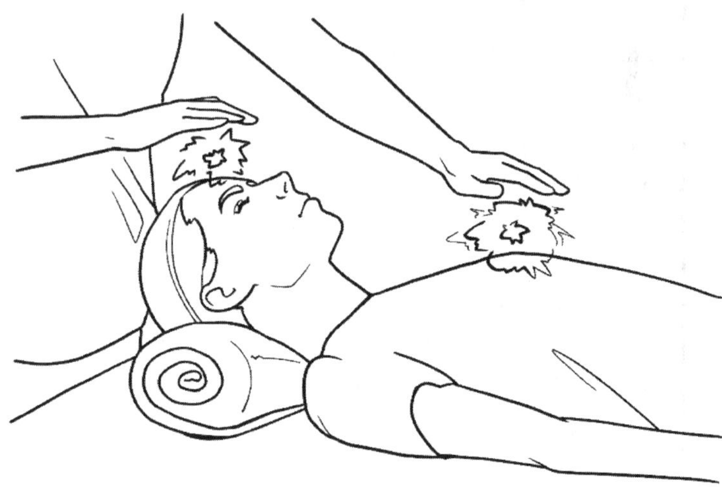

## Gemeinsame Grundlagen und Prinzipien

In beiden Heilmethoden, der Aurachirurgie und der Energieheilung, wird der energetische Körper als ein integraler Bestandteil des gesamten menschlichen Systems betrachtet. Die Überzeugung, dass energetische Disharmonien sich negativ auf das physische und emotionale Wohl auswirken, ist ein zentraler Gedanke, der beide Methoden verbindet. Die Annahme, dass der energetische Körper nicht isoliert, sondern in einer komplexen Wechselwirkung mit dem physischen Körper steht, ist ein weiteres gemeinsames Prinzip. So wird davon ausgegangen, dass Veränderungen im energetischen Feld sich unmittelbar auf den physischen Zustand auswirken können.

Beide Methoden nutzen die Aktivierung der Selbstheilungskräfte als einen ihrer Hauptmechanismen. Durch die gezielte Manipulation des energetischen Feldes wird angestrebt, die natürlichen Regenerationsmechanismen des Körpers zu fördern.

Ein weiterer gemeinsamer Nenner ist der ganzheitliche Ansatz, der weit über die reine Symptombekämpfung hinausgeht. Sowohl Aurachirurgie als auch Energieheilung zielen darauf ab, ein harmonisches Gleichgewicht zwischen Körper, Geist und Seele herzustellen. Dieser integrative Ansatz ermöglicht es, nicht nur die manifestierten Symptome, sondern auch die tieferliegenden Ursachen von Beschwerden zu adressieren.

Die Betonung der Individualität des Patienten ist ebenfalls ein gemeinsames Merkmal. Beide Methoden sind darauf ausgerichtet, individuelle Behandlungspläne zu entwickeln, die auf die spezifischen Bedürfnisse und energetischen Zustände des Einzelnen abgestimmt sind. So bilden diese gemeinsamen Grundlagen und Prinzipien die Basis für die vielfältigen Anwendungen und Techniken, die in der Aurachirurgie und der Energieheilung zum Einsatz kommen. Sie schaffen ein Fundament, das es ermöglicht, die Stärken der jeweiligen Methoden zu nutzen und sie in einem breiteren Kontext der Heilung anzuwenden.

## Unterschiede und Ergänzungen

Aurachirurgie und Energieheilung nehmen zwar beide den energetischen Körper als Ausgangspunkt für therapeutische Interventionen, jedoch unterscheiden sie sich deutlich in ihrer Herangehensweise, den verwendeten Techniken und dem angestrebten Ziel der Behandlung. Die Aurachirurgie ist in ihrer Vorgehensweise sehr fokussiert und zielgerichtet. Sie verwendet spezialisierte Techniken und oft auch anatomische Modelle, um präzise an bestimmten energetischen Organen oder Blockaden zu arbeiten. Die Methode zielt darauf ab, konkrete gesundheitliche Probleme zu identifizieren und mittels der bereits erwähnten Surrogate zu behandeln, sei es auf physischer oder emotionaler Ebene. So können spezifische energetische Blockaden gelöst oder Krankheitssymptome gemildert werden.

Energieheilung hingegen hat einen ganzheitlicheren Ansatz und konzentriert sich auf die Harmonisierung des gesamten Energiefeldes des Individuums. Die Methoden sind vielfältig und reichen von Handauflegen über Reiki bis hin zu anderen Formen energetischer Arbeit. Der Fokus liegt hier weniger auf der Behandlung spezifischer Krankheiten oder Symptome, sondern mehr auf der Förderung des allgemeinen Wohlbefindens und der energetischen Balance.

Trotz ihrer Unterschiede können Aurachirurgie und Energieheilung hervorragend miteinander kombiniert werden, um ein umfassendes Heilungsergebnis zu erzielen. Während die Aurachirurgie sich auf die Beseitigung spezifischer Blockaden oder Beschwerden konzentriert, kann die Energieheilung dazu beitragen, das gesamte Energiesystem auszugleichen und zu stärken. Diese komplementäre Anwendung beider Methoden bietet ein breites Spektrum an Möglichkeiten, sowohl akute als auch chronische gesundheitliche Herausforderungen anzugehen.

## Aktuelle Forschung und Fallstudien

Die wissenschaftliche Auseinandersetzung mit Aurachirurgie und Energieheilung befindet sich zwar noch in einer frühen Phase, doch die Bedeutung dieser Forschung nimmt stetig zu. In den letzten Jahren sind vermehrt wissenschaftliche Arbeiten und Fallstudien erschienen, die sich mit der Wirksamkeit dieser alternativen Heilmethoden befassen. Diese Studien bieten nicht nur Einblicke in die Mechanismen, die diesen Methoden zugrunde liegen, sondern auch in die vielfältigen Anwendungsmöglichkeiten.Im Bereich der Aurachirurgie gibt es bereits eine Reihe von Fallstudien, die beeindruckende Ergebnisse zeigen. So wurden beispielsweise Patienten mit chronischen Schmerzzuständen behandelt, die durch konventionelle medizinische Verfahren nicht gelindert werden konnten. Nach der Anwendung von Aurachirurgie berichteten viele dieser Patienten von einer signifikanten Schmerzreduktion oder sogar vollständiger Schmerzfreiheit. Ähnlich verhält es sich mit emotionalen Blockaden, die durch die Behandlung des energetischen Körpers gelöst werden konnten. In einigen Fällen konnten sogar schwere Krankheiten positiv beeinflusst werden, was die enorme Bandbreite der Anwendungsmöglichkeiten dieser Methode unterstreicht. Auch die Energieheilung hat in der wissenschaftlichen Forschung Fuß gefasst. Verschiedene Studien haben die Wirksamkeit dieser Methode in der Behandlung von psychischen Beschwerden wie Stress und Angstzuständen untersucht. Die Ergebnisse sind vielversprechend und zeigen, dass Energieheilung eine effektive Ergänzung zu konventionellen Behandlungsmethoden sein kann. Besonders hervorzuheben ist die Fähigkeit der Energieheilung, die Lebensqualität der behandelten Personen nachhaltig zu verbessern.

Die zunehmende Anzahl an wissenschaftlichen Veröffentlichungen und Fallstudien trägt dazu bei, das Verständnis für die Komplexität und Wirksamkeit dieser Heilmethoden zu vertiefen. Dies wiederum fördert die Akzeptanz in der medizinischen Gemeinschaft und eröffnet neue Perspektiven für die Integration von Aurachirurgie und Energieheilung in das gesundheitliche Versorgungssystem.

## Die Kraft der Berührung in der Heilung

Berührung ist eine der ältesten und intuitivsten Formen der Kommunikation und Heilung, die der Mensch kennt. Schon in der Antike wurde die heilende Wirkung der Berührung erkannt und in verschiedenen Kulturen als therapeutisches Mittel eingesetzt. In der modernen Medizin und insbesondere in der Aurachirurgie und Energieheilung hat die Berührung eine besondere Bedeutung erlangt. Sie dient nicht nur der physischen Interaktion, sondern wird als ein mächtiges Instrument zur Übertragung von Energie und zur Aktivierung der Selbstheilungskräfte verstanden. Die Berührung geht weit über die einfache physische Interaktion hinaus; sie ist ein komplexes Zusammenspiel von Energieaustausch, emotionaler Verbindung und bewusster Intention. In der Aurachirurgie wird die Berührung als ein Mittel zur Manipulation des energetischen Feldes angesehen. Durch gezielte Handauflegung oder andere Berührungstechniken wird versucht, energetische Blockaden zu lösen und den Energiefluss im Körper zu optimieren. Die Fähigkeit der Berührung, sowohl physische als auch energetische Veränderungen hervorzurufen, macht sie zu einem Schlüsselwerkzeug in der ganzheitlichen Heilung. Sie dient als Brücke zwischen dem physischen und dem energetischen Körper und ermöglicht eine Verbindung, die sowohl heilend als auch transformierend wirken kann. Die Einbeziehung der Berührung in die Aurachirurgie und Energieheilung ist daher nicht nur eine Rückbesinnung auf uralte Heilmethoden, sondern auch eine fortschrittliche Anwendung von Erkenntnissen aus der modernen Energiemedizin. In diesem Kontext wird die Berührung als ein vielseitiges und wirkungsvolles Werkzeug betrachtet, das die Grenzen konventioneller medizinischer Praktiken erweitert und neue Möglichkeiten für die Heilung und das Wohl des Einzelnen eröffnet.

## Berührung als Übertragungsmedium für Energie

In der Aurachirurgie und der Energieheilung wird Berührung nicht nur als physisches, sondern vor allem als energetisches Phänomen betrachtet. Die Haut dient dabei nicht nur als Barriere, sondern als eine Art energetisches Interface, das in der Lage ist, feinstoffliche Energien aufzunehmen und abzugeben. Durch Berührung wird ein Kanal für den Energieaustausch zwischen dem Therapeuten und dem Patienten geschaffen. Dieser Austausch kann auf verschiedenen Ebenen stattfinden und ist nicht nur auf die Oberfläche der Haut beschränkt.

Die Berührung kann als eine Art energetische Sprache betrachtet werden, die es ermöglicht, Informationen zwischen dem Therapeuten und dem energetischen Feld des Patienten auszutauschen. Dieser Informationsaustausch kann sowohl bewusst als auch unbewusst erfolgen. Ein erfahrener Therapeut kann durch seine Berührung gezielt Energie in bestimmte Bereiche des energetischen Feldes lenken, um dort Blockaden zu lösen oder den Energiefluss zu fördern. In der Aurachirurgie werden spezielle Berührungstechniken angewendet, die darauf abzielen, den energetischen Zustand eines bestimmten Organs oder einer bestimmten Körperregion zu verändern. Dabei wird die Berührung oft mit anderen energetischen Techniken kombiniert, wie zum Beispiel der Verwendung von Kristallen, Farbtherapie oder Klangschalen, um die Wirkung zu verstärken. Die Qualität der Berührung spielt eine entscheidende Rolle. Es geht nicht nur darum, wo und wie fest berührt wird, sondern auch darum, mit welcher Intention. Die Intention des Therapeuten kann den Energiefluss erheblich beeinflussen und ist daher ein wesentlicher Faktor für den Erfolg der Behandlung. Ein Therapeut, der mit einer klaren und liebevollen Intention arbeitet, wird wahrscheinlich effektiver sein als jemand, der dies nicht tut. Die Berührung als Übertragungsmedium für Energie ist ein komplexes Thema, das in der Aurachirurgie und der Energieheilung eine zentrale Rolle spielt. Sie ermöglicht eine direkte Interaktion mit dem energetischen Feld und bietet somit eine effektive Möglichkeit, die Selbstheilungskräfte des Körpers zu aktivieren und zu fördern.

## Techniken der energetischen Berührung in der Aurachirurgie

In der Aurachirurgie werden unterschiedliche Techniken der energetischen Berührung eingesetzt, die jeweils spezifische Ziele verfolgen. Diese Techniken sind darauf ausgerichtet, den Energiefluss im Körper zu optimieren, Blockaden zu lösen und die Selbstheilungskräfte zu aktivieren. Dabei wird nicht nur die Hand des Therapeuten als Werkzeug genutzt, sondern auch andere Hilfsmittel wie Kristalle, Pendel oder energetische Modelle können zum Einsatz kommen.

Eine der bekanntesten Techniken ist die sogenannte „Energieübertragung durch die Handflächen". Hierbei legt der Therapeut seine Handflächen auf bestimmte Energiepunkte des Körpers, um den Energiefluss in diesem Bereich zu stimulieren. Die Position und Dauer der Berührung werden individuell angepasst, um den maximalen therapeutischen Nutzen zu erzielen. Hierbei fungieren die Handflächen als eine Art energetische „Antenne", die in der Lage ist, feinstoffliche Energien zu empfangen und zu senden.

Ein weiteres Verfahren ist die „Energetische Punktmassage", bei der der Therapeut gezielt Druck auf bestimmte Energiepunkte ausübt. Diese Technik ist besonders effektiv bei der Behandlung von Blockaden und kann auch zur Schmerzlinderung eingesetzt werden. Der Druck, der auf die Energiepunkte ausgeübt wird, wird oft als sehr intensiv empfunden, ruft aber gleichzeitig eine wohlige Entspannung und ein Gefühl der Erleichterung hervor.

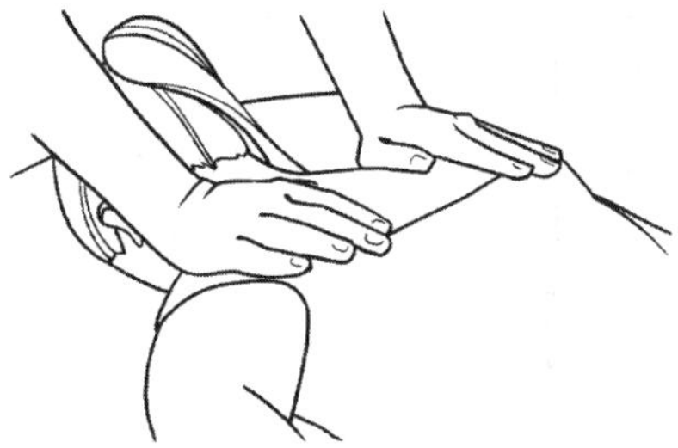

Die „Aura-Streichung" ist eine weitere Technik, bei der der Therapeut mit seinen Händen die Aura des Patienten sanft streicht, ohne den physischen

Körper direkt zu berühren. Diese Methode dient dazu, das energetische Feld zu klären und energetische Verunreinigungen zu entfernen. Diese Technik erzeugt oft ein Gefühl der Leichtigkeit und Klarheit.

Die „Chakra-Balancierung" ist eine fortgeschrittene Technik, bei der der Therapeut seine Hände über den sieben Hauptchakren positioniert, um diese Energiezentren auszugleichen und zu harmonisieren. Diese Technik kann besonders hilfreich sein, wenn Sie das Gefühl haben, dass Ihre Energie „blockiert" ist oder Sie sich emotional unausgeglichen fühlen.

## Exkurs: Die sieben Chakren

Die Chakren sind Energiezentren, die entlang der Wirbelsäule des menschlichen Körpers liegen. Sie sind integraler Bestandteil vieler spiritueller und heilender Traditionen, darunter Yoga, Ayurveda und verschiedene Formen der Energiearbeit. Jedes Chakra hat seine eigene Farbe, sein eigenes Element und ist mit bestimmten körperlichen und emotionalen Aspekten verbunden.

**• Wurzelchakra (Muladhara)**

**Lage:** Basis der Wirbelsäule
**Farbe:** Rot
**Element:** Erde
**Funktion:** grundlegende Überlebensinstinkte, Sicherheit, Stabilität

**• Sakralchakra (Svadhisthana)**

**Lage:** unterhalb des Bauchnabels
**Farbe:** Orange
**Element:** Wasser
**Funktion:** Kreativität, Sexualität, Emotionen

- **Solarplexuschakra (Manipura)**

**Lage:** oberhalb des Bauchnabels
**Farbe:** Gelb
**Element:** Feuer
**Funktion:** Selbstwertgefühl, Willenskraft, persönliche Macht

- **Herzchakra (Anahata)**

**Lage:** Herzregion
**Farbe:** Grün
**Element:** Luft
**Funktion:** Liebe, Mitgefühl, Akzeptanz

- **Halschakra (Vishuddha)**

**Lage:** Halsbereich
**Farbe:** Blau
**Element:** Äther
**Funktion:** Kommunikation, Selbstausdruck, Wahrheit

- **Stirnchakra (Ajna)**

**Lage:** zwischen den Augenbrauen
**Farbe:** Indigo
**Element:** Licht
**Funktion:** Intuition, Weisheit, geistige Klarheit

- **Kronenchakra (Sahasrara)**

**Lage:** oberhalb des Kopfes
**Farbe:** Violett oder Weiß
**Element:** kosmische Energie
**Funktion:** Spiritualität, Erleuchtung, Verbindung zum Universum

Die Chakren spielen auch in der Aurachirurgie eine wichtige Rolle. Durch die Harmonisierung und Aktivierung dieser Energiezentren können energetische Blockaden gelöst und der Energiefluss im Körper verbessert werden. Dies hat oft positive Auswirkungen auf die physische und emotionale Gesundheit des Individuums.

Jede dieser Techniken hat ihre eigenen Vorzüge und kann je nach Bedarf und Zustand des Patienten angewendet werden. Oft werden auch mehrere Techniken in einer Sitzung kombiniert, um ein optimales Ergebnis zu erzielen. Es ist faszinierend, zu sehen, wie vielfältig die Möglichkeiten der energetischen Berührung in der Aurachirurgie sind und wie intensiv ihre Wirkung sein kann.

## Grenzen und ethische Überlegungen

Die Aurachirurgie und insbesondere die Techniken der energetischen Berührung bieten zwar ein breites Spektrum an Behandlungsmöglichkeiten, doch sie sind nicht frei von Einschränkungen und ethischen Fragestellungen.

Zunächst ist es unerlässlich, die Grenzen dieser Methode zu erkennen. Sie ersetzt keinesfalls die konventionelle medizinische Diagnose und Behandlung. Bei schwerwiegenden gesundheitlichen Problemen, wie etwa Krebs oder Herzkrankheiten, sollte immer ein qualifizierter Mediziner konsultiert werden. Die Aurachirurgie kann in solchen Fällen eine ergänzende Rolle spielen, aber sie sollte nicht als alleinige Therapie angesehen werden.

Ethische Überlegungen spielen ebenfalls eine wichtige Rolle. Die Integrität des Patienten muss stets gewahrt bleiben. Das bedeutet, dass der Therapeut die Grenzen des Patienten respektieren und eine ausführliche Aufklärung über die angewandten Techniken und möglichen Risiken bieten muss. Ein informiertes Einverständnis ist hierbei unerlässlich. Zudem sollte der Therapeut über eine fundierte Ausbildung und Zertifizierung in der Aurachirurgie verfügen, um die Sicherheit und Wirksamkeit der Behandlung zu gewährleisten.

Ein weiterer ethischer Aspekt betrifft die Vertraulichkeit. Da die energetische Berührung oft intensive emotionale und psychische Vorgänge auslösen kann, ist es von größter Bedeutung, dass alle Informationen, die während der Sitzung geteilt werden, streng vertraulich behandelt werden.

Die Fragen nach den Kosten und der Zugänglichkeit dürfen ebenfalls nicht außer Acht gelassen werden. Nicht jeder hat die finanziellen Mittel für solche alternativen Behandlungsmethoden, was zu einer sozialen Ungleichheit in der Gesundheitsversorgung führen kann. Hier ist es Aufgabe der Therapeuten und der gesamten Branche, Lösungen zu finden, die eine breitere Zugänglichkeit ermöglichen.

## Quantenheilung und Aurachirurgie

Quantenheilung ist eine alternative Heilmethode, die auf den Prinzipien der Quantenphysik basiert. Sie geht davon aus, dass die Realität auf subatomarer Ebene durch Wahrscheinlichkeiten und Potenziale bestimmt ist, die durch bewusste Absicht beeinflusst werden können. In der Heilungspraxis bedeutet dies, dass der Zustand des energetischen Körpers durch die gezielte Lenkung von Energie und Intention verändert werden kann.

Im Zusammenhang mit der Aurachirurgie ergibt sich eine faszinierende Synergie. Beide Methoden teilen die Grundannahme, dass der energetische Körper eine Schlüsselrolle für die Gesundheit spielt. Während die Aurachirurgie jedoch eher auf spezifische „energetische Operationen" fokussiert ist, um Blockaden oder Krankheiten zu behandeln, öffnet die Quantenheilung ein breiteres Spektrum an Möglichkeiten. Sie ermöglicht es, das gesamte Energiefeld des Individuums zu beeinflussen und somit grundlegende Veränderungen auf physischer, emotionaler und sogar spiritueller Ebene herbeizuführen.

Die Verbindung dieser beiden Methoden bietet also ein umfassendes und vielseitiges Werkzeugset für die energetische Heilung. Sie ergänzen sich in ihrer Zielsetzung und können in Kombination ein breites Spektrum an Beschwerden und Krankheitsbildern adressieren. Dabei bleibt jedoch zu beachten, dass sowohl die Aurachirurgie als auch die Quantenheilung komplementäre Ansätze darstellen und eine medizinische Diagnose und Behandlung nicht ersetzen können.

### Grundlagen der Quantenphysik in der Heilung

Die Quantenphysik, eine der revolutionärsten wissenschaftlichen Theorien des 20. Jahrhunderts, hat das Verständnis von Materie und Energie grundlegend verändert. Sie beschäftigt sich mit den Verhaltensweisen und Interaktionen von Teilchen auf subatomarer Ebene. Ein zentrales Konzept der Quantenphysik ist die sogenannte

„Superposition“, die besagt, dass Teilchen in mehreren Zuständen gleichzeitig existieren können, bis sie durch eine Messung oder Beobachtung in einen bestimmten Zustand „kollabieren“.

In der Heilungspraxis wird dieses Konzept als Metapher für die ungenutzten Potenziale und Möglichkeiten im energetischen Körper angesehen. Die Idee ist, dass durch bewusste Intention und Energieübertragung diese „ungeformten“ Zustände in einen Zustand der Gesundheit überführt werden können.

Ein weiteres wichtiges Prinzip der Quantenphysik ist die „Verschränkung“. Dieses Phänomen beschreibt die Verbindung zwischen Teilchen, die so stark ist, dass der Zustand des einen Teilchens den Zustand des anderen beeinflusst, unabhängig von der räumlichen Distanz zwischen ihnen. In der Heilung wird dieses Prinzip oft als Grundlage für die Idee der „energetischen Verbindung“ zwischen Heiler und Klient verwendet. Durch diese Verbindung können Heilimpulse übertragen werden, die dann auf den energetischen Körper des Klienten wirken. Die Quantenphysik bietet also eine theoretische Grundlage für die Mechanismen, die in der energetischen Heilung, einschließlich der Aurachirurgie, zum Tragen kommen könnten. Sie liefert ein Modell, das die oft schwer fassbaren Phänomene der Energiearbeit in ein wissenschaftliches Framework einbettet. Dabei ist es jedoch wichtig, zu betonen, dass die Anwendung der Quantenphysik in der Heilung noch Gegenstand aktueller Forschung ist und die wissenschaftliche Validierung in vielen Bereichen aussteht.

## Anwendung von Quantenheilung in der Aurachirurgie

Die Quantenheilung stellt in der Aurachirurgie eine fortgeschrittene Technik dar, die es ermöglicht, Veränderungen im energetischen Körper vorzunehmen. Dabei wird die Theorie der Quantenverschränkung genutzt, um eine starke energetische Verbindung zwischen dem Therapeuten und dem Klienten herzustellen. Diese Verbindung dient als Kanal für die Übertragung von Heilenergien und -informationen.

**Definition: Quantenverschränkung**
Quantenverschränkung ist ein Phänomen der Quantenmechanik, das zwei oder mehr Teilchen in einem Zustand verbindet, in dem die Eigenschaften eines Teilchens unmittelbar mit den Eigenschaften des anderen verbunden sind, unabhängig von der Entfernung, die sie voneinander trennt. Dies bedeutet, dass eine Messung an einem der verschränkten Teilchen augenblicklich den Zustand des anderen Teilchens festlegt, selbst wenn dieses Teilchen Lichtjahre entfernt ist.

Die Quantenverschränkung wurde erstmals in den 1930er Jahren von Albert Einstein (1879–1955), Boris Podolsky (1896–1966) und Nathan Rosen (1909–1995) in einem Gedankenexperiment thematisiert, bekannt als das EPR-Paradoxon. Einstein bezeichnete das Phänomen als „spukhafte Fernwirkung“, da es im Widerspruch zur klassischen Physik steht, die besagt, dass Informationen nicht schneller als mit Lichtgeschwindigkeit übertragen werden können.
In den letzten Jahrzehnten hat die Quantenverschränkung jedoch zahlreiche experimentelle Bestätigungen erfahren, insbesondere durch die Bell-Tests, die die Existenz dieser „spukhaften“ Verbindungen bestätigt haben. Heute ist die Quantenverschränkung ein grundlegendes Element in der Entwicklung von Quantencomputern und der Quantenkryptografie. Sie stellt eine der merkwürdigsten und am wenigsten verstandenen Eigenschaften der Quantenmechanik dar, hat aber auch das Potenzial, das Verständnis von Raum, Zeit und der Natur der Realität grundlegend zu verändern.

## Energetische Zielbereiche

Ein markantes Charakteristikum der Anwendung von Quantenheilung in der Aurachirurgie ist die gezielte Ausrichtung auf bestimmte energetische „Zielbereiche“. Diese Präzision unterscheidet die Quantenheilung deutlich von anderen energetischen Heilmethoden, die eher darauf abzielen, das gesamte Energiefeld des Klienten zu harmonisieren. In der Quantenheilung wird die Intention des Therapeuten fokussiert, um spezifische energetische Blockaden oder Dysbalancen zu identifizieren und zu behandeln.

Diese bewusste Lenkung der Aufmerksamkeit ermöglicht es, sehr präzise energetische Veränderungen vorzunehmen. Der Therapeut kann sich beispielsweise auf ein bestimmtes Chakra, einen Energiefluss oder sogar auf die energetische Signatur einer bestimmten Krankheit konzentrieren. Durch diese gezielte Fokussierung wird die Heilenergie direkt dorthin gelenkt, wo sie am meisten benötigt wird.

Die bewusste Lenkung der Aufmerksamkeit und Intention ist nicht nur eine Frage der Konzentration, sondern erfordert auch ein Verständnis der energetischen Anatomie und der zugrunde liegenden energetischen Muster. Der Therapeut muss in der Lage sein, die subtilen Energieschwingungen und -frequenzen wahrzunehmen und zu interpretieren, um die Heilenergie effektiv zu kanalisieren.

Diese Herangehensweise ermöglicht eine hochgradig individualisierte Behandlung, die auf die spezifischen Bedürfnisse des Klienten zugeschnitten ist. Es ist eine Methode, die nicht nur die Symptome, sondern auch die zugrunde liegenden energetischen Ursachen einer Erkrankung oder eines Ungleichgewichts adressiert. Dadurch wird eine nachhaltigere Heilung ermöglicht.

### Fernheilung

Ein weiterer Vorteil der Quantenheilung in der Aurachirurgie ist die Fähigkeit zur „Fernheilung". Dieses Phänomen basiert auf dem quantenphysikalischen Prinzip der Verschränkung, bei dem zwei oder mehr Teilchen so miteinander verknüpft sind, dass der Zustand des einen unmittelbar den Zustand des anderen beeinflusst, unabhängig von der Entfernung zwischen ihnen. In der Praxis bedeutet dies, dass Therapeut und Klient nicht im selben physischen Raum sein müssen, um eine effektive Behandlung durchzuführen.

Die Möglichkeit der Fernheilung erweitert die Reichweite der Aurachirurgie erheblich und macht sie zu einer äußerst flexiblen und zugänglichen Behandlungsmethode. Sie ermöglicht es Menschen in entlegenen Gebieten oder solchen, die aus verschiedenen Gründen nicht in der Lage sind, eine Praxis aufzusuchen, dennoch von dieser spezialisierten Form der Heilung zu profitieren.

Die Fernheilung erfordert von dem Therapeuten ein hohes Maß an Sensibilität und Erfahrung in der Wahrnehmung energetischer Zustände. Durch spezielle Techniken und Meditationen kann der Therapeut seine Aufmerksamkeit und Intention so fokussieren, dass er die energetischen Muster des Klienten auch über große Entfernungen hinweg spüren und beeinflussen kann.

## Einbeziehung aller Ebenen

Die Quantenheilung bietet auch die Möglichkeit, mehrere energetische Ebenen gleichzeitig zu behandeln. Dies ist ein wesentlicher Vorteil, da es eine ganzheitliche Behandlung ermöglicht, die weit über die physische Ebene hinausgeht. In der Praxis bedeutet dies, dass nicht nur körperliche Beschwerden behandelt werden, sondern auch emotionale, mentale und spirituelle Aspekte berücksichtigt werden können.

Durch die Einbeziehung dieser verschiedenen Ebenen des Seins wird die Heilung nachhaltiger. Emotionale Blockaden, die sich beispielsweise als körperliche Symptome manifestieren, können direkt an ihrer Wurzel behandelt werden. Gleichzeitig können mentale Muster, die zu Stress oder Angst führen, identifiziert und transformiert werden. Auf der spirituellen Ebene kann die Quantenheilung dazu beitragen, ein höheres Maß an innerem Frieden und Klarheit zu erreichen.

Die Fähigkeit, auf mehreren Ebenen gleichzeitig zu arbeiten, ermöglicht es dem Therapeuten, eine individuell zugeschnittene Behandlung zu entwickeln. Je nach den spezifischen Bedürfnissen und Herausforderungen des Klienten kann der Fokus der Behandlung variieren, um die effektivsten Ergebnisse zu erzielen.

**Fallbeispiel**
Ein Klient kommt mit chronischen Kopfschmerzen zu einem Therapeuten, der auf Quantenheilung in der Aurachirurgie spezialisiert ist. Der Therapeut führt eine umfassende energetische Diagnose durch und stellt fest, dass die Kopfschmerzen möglicherweise mit einem emotionalen Trauma in Verbindung stehen, das der Klient in der Vergangenheit erlebt hat. Darüber hinaus identifiziert der Therapeut mentale Muster des Klienten, die zu erhöhtem Stress beitragen.

Der Therapeut entscheidet sich für eine ganzheitliche Behandlungsstrategie, die alle diese Ebenen berücksichtigt. Er verwendet spezialisierte Quantentechniken, um die energetischen Blockaden, die mit dem emotionalen Trauma verbunden sind, zu lösen. Gleichzeitig arbeitet er an der Transformation der mentalen Muster, die zu Stress führen. Schließlich fügt er eine spirituelle Komponente hinzu, um dem Klienten zu helfen, ein höheres Maß an innerem Frieden und Klarheit zu erreichen.

Nach mehreren Sitzungen berichtet der Klient von einer deutlichen Verbesserung seiner Kopfschmerzen. Er fühlt sich emotional freier und ist in der Lage, stressige Situationen mit größerer Gelassenheit zu bewältigen. Dieses Beispiel zeigt, wie die Quantenheilung in der Aurachirurgie die Fähigkeit hat, auf mehreren Ebenen gleichzeitig zu arbeiten und so eine nachhaltige Heilung zu ermöglichen.

Beachten Sie jedoch, dass die Quantenheilung in der Aurachirurgie eine hohe Fachkompetenz und spezialisiertes Training erfordert. Die Techniken sind komplex und erfordern ein Verständnis sowohl der energetischen Anatomie als auch der Grundlagen der Quantenphysik. Daher wird diese Methode meist von erfahrenen Therapeuten angewendet, die eine spezielle Ausbildung in diesem Bereich absolviert haben.

# ANWENDUNGSGEBIETE & POTENTIALE DER AURACHIRURGIE

Die Aurachirurgie stellt eine vielseitige Methode dar, die weit über die Grenzen konventioneller medizinischer Ansätze hinausreicht. Sie eröffnet Türen zu einer neuen Dimension der Heilung, die sowohl körperliche als auch energetische Ebenen berücksichtigt. In diesem Kapitel liegt der Fokus auf den verschiedenen Anwendungsgebieten und Potentialen der Aurachirurgie. Diese reichen von der Behandlung körperlicher Beschwerden bis hin zur Auflösung energetischer Blockaden. Zudem werden die spezifischen Techniken und Ansätze vorgestellt, die in den jeweiligen Bereichen Anwendung finden.

Die Vielseitigkeit der Aurachirurgie zeigt sich nicht nur in der Breite der behandelbaren Zustände und Symptome, sondern auch in ihrer Fähigkeit, individuell auf den Patienten zugeschnittene Therapiepläne zu entwickeln. Ob es sich um akute Entzündungen, chronische Schmerzen, Organprobleme oder energetische Dysbalancen handelt – die Aurachirurgie bietet eine Reihe von Werkzeugen und Techniken, um eine ganzheitliche Heilung zu fördern.

In den folgenden Abschnitten werden Sie mehr über die spezifischen Anwendungsgebiete erfahren, in denen die Aurachirurgie ihre Stärken voll ausspielen kann. Dabei wird auch die wissenschaftliche Grundlage dieser Methode nicht zu kurz kommen, um ein umfassendes Verständnis für ihre Wirksamkeit und ihre Grenzen zu schaffen.

Dieses Kapitel dient als umfassender Leitfaden, der Ihnen die vielfältigen Möglichkeiten der Aurachirurgie näherbringt und dabei hilft, ein intensiveres Verständnis für diese revolutionäre Heilmethode zu entwickeln. So können Sie besser einschätzen, in welchen Bereichen die Aurachirurgie für Sie oder Ihre Angehörigen von Nutzen sein könnte.

## Körperliche Beschwerden

Bei der Aurachirurgie geht es nicht nur um die Linderung von Symptomen, sondern auch um die Identifizierung und Behebung der zugrundeliegenden energetischen Ungleichgewichte, die diese Beschwerden verursachen könnten. In diesem Abschnitt werden verschiedene körperliche Leiden und Zustände behandelt, bei denen die Aurachirurgie als unterstützende Therapieform eingesetzt werden kann. Dazu gehören Entzündungen, Schmerzen, Erkrankungen der Organe, Probleme mit den Gelenken und Zahnbeschwerden.

Die Behandlung körperlicher Beschwerden mit Aurachirurgie basiert auf dem Verständnis, dass der physische Körper und das energetische System in einer Wechselbeziehung stehen. Durch die gezielte Manipulation des energetischen Feldes können daher auch physische Zustände beeinflusst werden. Dies eröffnet neue Wege in der Behandlung und bietet eine Ergänzung zu traditionellen medizinischen Ansätzen.

Im Folgenden werden die verschiedenen Anwendungsgebiete im Detail vorgestellt. Dabei wird auf die speziellen Techniken und Methoden eingegangen, die in der Aurachirurgie zur Anwendung kommen, um diese körperlichen Beschwerden zu adressieren. Jedes Anwendungsgebiet wird dabei einzeln betrachtet, um einen umfassenden Überblick über die vielfältigen Möglichkeiten dieser innovativen Heilmethode zu bieten.

## Entzündungen

Entzündungen stellen eine weit verbreitete gesundheitliche Herausforderung dar, die Menschen aller Altersgruppen betreffen. Sie können in verschiedenen Körperteilen auftreten und eine Vielzahl von Symptomen verursachen, von leichten Beschwerden bis hin zu ernsthaften medizinischen Zuständen. In der Aurachirurgie wird dieses komplexe Thema mit einer differenzierten Herangehensweise behandelt. Dabei kommen spezialisierte Techniken zum Einsatz, die nicht nur auf die Linderung der physischen Symptome abzielen, sondern auch darauf, das energetische Gleichgewicht des Körpers wiederherzustellen.

Die Aurachirurgie betrachtet Entzündungen als mehr als nur ein physisches Symptom. Sie werden als Indikatoren für energetische Blockaden oder Ungleichgewichte im Körper interpretiert. Diese Sichtweise ermöglicht eine Behandlung, die an der Wurzel des Problems ansetzt. Durch gezielte energetische Eingriffe, die mit speziellen „Werkzeugen" wie energetischen Skalpellen oder Pinzetten durchgeführt werden, können diese Blockaden identifiziert und gelöst werden. Dies führt oft zu einer raschen Milderung der Entzündungsreaktion und damit verbundener Symptome. Es sei darauf hingewiesen, dass einige der in diesem Kontext verwendeten Techniken, wie die „Energetische Punktmassage", bereits in vorherigen Kapiteln dieses Ratgebers erörtert wurden. Diese Techniken sind jedoch so vielseitig, dass sie in verschiedenen Anwendungsgebieten, einschließlich der Behandlung von Entzündungen, eingesetzt werden können. Die Erfolge in der Behandlung von Entzündungen durch Aurachirurgie sind beachtlich und wurden in zahlreichen Fällen dokumentiert. Von der Linderung chronischer Entzündungen bis hin zur Behandlung akuter Fälle bietet die Aurachirurgie eine breite Palette an Möglichkeiten. Dabei ist es jedoch von größter Bedeutung, die Aurachirurgie als eine komplementäre Behandlungsmethode zu sehen. Sie sollte in enger Abstimmung mit konventionellen medizinischen Ansätzen und unter

Aufsicht qualifizierter medizinischer Fachkräfte durchgeführt werden. So kann ein ganzheitlicher und umfassender Therapieansatz gewährleistet werden, der das Beste aus beiden Welten vereint.

## Schmerzen

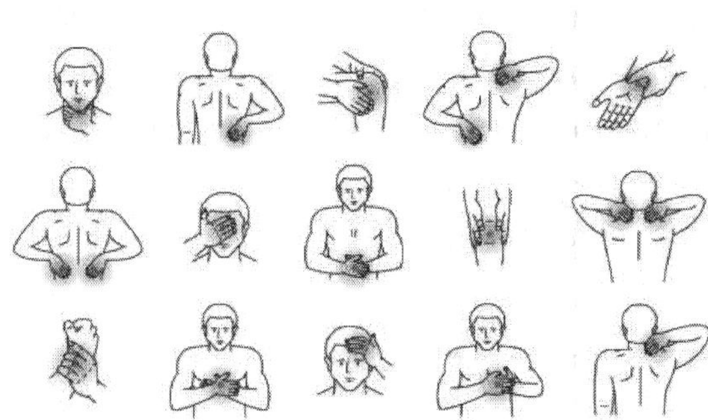

Schmerzen sind ein universelles menschliches Erlebnis und können in vielfältigen Formen auftreten, von akuten Schmerzattacken bis hin zu chronischen Leiden. In der Aurachirurgie wird dieses komplexe und oft schwer fassbare Thema mit einer ganz eigenen Herangehensweise behandelt. Die Methode zielt darauf ab, nicht nur die physischen, sondern auch die energetischen Ursachen von Schmerzen zu adressieren.

In der Aurachirurgie werden Schmerzen als ein Signal des Körpers interpretiert, das auf energetische Dysbalancen oder Blockaden hinweisen kann. Diese Blockaden können sich in verschiedenen Teilen des energetischen Körpers befinden, beispielsweise in den Chakren oder entlang der Meridiane. Durch spezialisierte Techniken wie die „Chakra-Balancierung" oder die „Meridian-Stimulation" können diese energetischen Blockaden identifiziert und gelöst werden. Diese Techniken ermöglichen eine präzise Behandlung, die weit über die Möglichkeiten konventioneller Schmerztherapie hinausgeht.

Die Aurachirurgie hat in vielen Fällen Ergebnisse bei der Schmerzlinderung erzielt, von der Reduzierung von Rückenschmerzen bis hin zur Behandlung von Migräne. Die Methode bietet diverse Behandlungsoptionen, die individuell auf die Bedürfnisse des Patienten abgestimmt werden können.

## Erkrankungen der Organe

Die Aurachirurgie verfolgt bei Erkrankungen der Organe einen umfassenden Heilungsansatz, der sich nicht nur auf die Linderung von Symptomen beschränkt. In dieser Methode werden die Organe als komplexe energetische Zentren betrachtet, die in einer fein abgestimmten Beziehung zum gesamten Energiesystem des Körpers stehen.

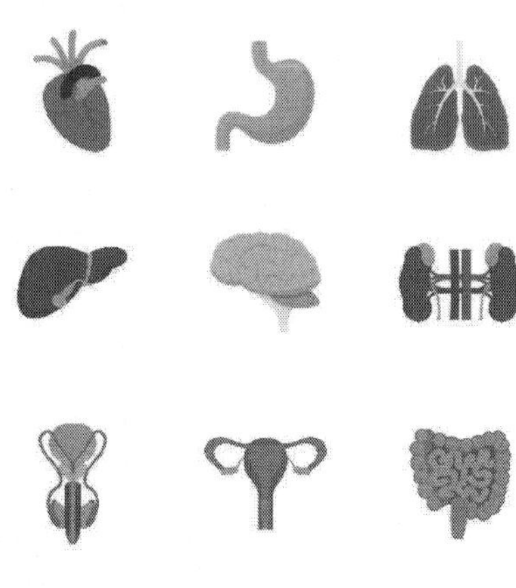

Ein faszinierender Fakt, der diese Perspektive untermauert, stammt aus der Traditionellen Chinesischen Medizin. Dort wird die Leber nicht nur als physisches Organ, sondern auch als Sitz der Emotionen angesehen. Diese ganzheitliche Sichtweise fließt in die Aurachirurgie ein und erweitert das Verständnis für die komplexen Zusammenhänge zwischen Organen und dem energetischen System.

In der Aurachirurgie kommen spezialisierte Techniken zum Einsatz, die auf die individuellen Bedürfnisse des Patienten zugeschnitten sind. Dazu gehören beispielsweise die „Meridian-Stimulation“, bei der die Energiebahnen des Körpers aktiviert werden, um den Energiefluss zu den Organen zu verbessern. Eine weitere Methode ist die „Organ-Harmonisierung“, die darauf abzielt, energetische Blockaden direkt im betroffenen Organ zu lösen. Diese Techniken haben sich als besonders wirksam bei einer Reihe von Organerkrankungen erwiesen, darunter Leberzirrhose, Nierenerkrankungen und sogar Herzprobleme. Durch die Fokussierung auf die energetischen Aspekte der Organe bietet die Aurachirurgie einen frischen, innovativen Ansatz, der die Möglichkeiten der Heilung erweitert und neue Perspektiven für die Behandlung von Organerkrankungen eröffnet.

## Gelenke

Bei Gelenkproblemen, die von Arthritis bis zu Sportverletzungen reichen können, bietet die Aurachirurgie eine reiche Auswahl an Behandlungsoptionen. In dieser Methode werden Gelenke nicht nur als mechanische Verbindungsstellen zwischen Knochen betrachtet, sondern als energetische Knotenpunkte, die den Fluss der Lebensenergie im Körper regulieren.

Die Aurachirurgie nutzt spezielle Techniken wie die „Energetische Gelenkmobilisation", um die Beweglichkeit der Gelenke zu fördern und Schmerzen zu lindern. Dabei wird das energetische Feld des Gelenks sorgfältig analysiert, um Blockaden oder Stauungen der Energie zu identifizieren.

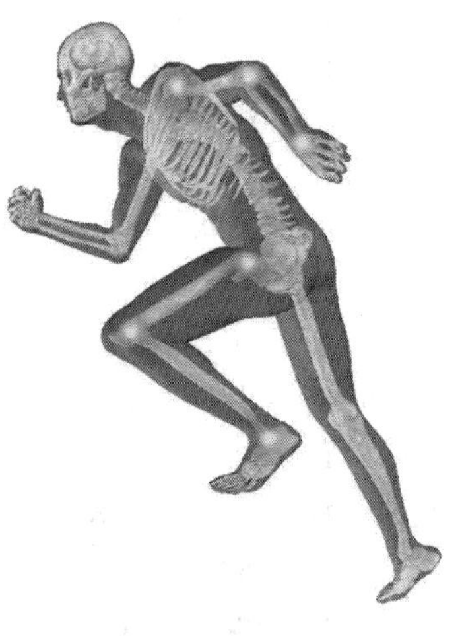

Einmal erkannt, werden diese energetischen Unausgewogenheiten durch gezielte Interventionen behoben, was oft zu einer raschen Verbesserung der Symptome führt.

Ein weiterer Ansatz ist die „Gelenk-Harmonisierung", die darauf abzielt, das Gelenk in Einklang mit dem gesamten Energiesystem des Körpers zu bringen. Dies kann besonders hilfreich sein, um chronische Gelenkprobleme zu behandeln, die auf energetische Ungleichgewichte zurückzuführen sind.

Die Aurachirurgie eröffnet somit neue Wege in der Behandlung von Gelenkerkrankungen, indem sie die energetischen Aspekte in den Vordergrund stellt. Sie erweitert das Spektrum der verfügbaren Therapieoptionen und bietet Patienten eine ganzheitliche Behandlung, die über die rein physische Ebene hinausgeht.

## Zähne

Zahnprobleme gehen oft über physische Beschwerden hinaus und können auch energetische Ungleichgewichte im Körper signalisieren. In der Aurachirurgie gelten Zähne als energetische Antennen, die sowohl Energie senden als auch empfangen können. In einigen Kulturen besteht die Überzeugung, dass jedes Gebiss mit bestimmten Organen und Emotionen in Verbindung steht.

Ein neuartiger Ansatz in der Aurachirurgie ist die „Energetische Zahnregulierung". Diese Methode hat das Ziel, energetische Blockaden im Bereich der Zähne und des Kiefers zu erkennen und aufzulösen. Durch die Wiederherstellung des energetischen Gleichgewichts können nicht nur Schmerzen im Zahn- und Kieferbereich gelindert werden, sondern auch andere gesundheitliche Probleme, die mit diesen Blockaden assoziiert sein könnten.

Ein weiteres Verfahren ist die „Zahn-Chakra-Balancierung", die darauf abzielt, die Energiezentren im Mundraum ins Gleichgewicht zu bringen. Dies kann besonders hilfreich sein, um chronische Probleme wie Zahnfleischentzündungen oder Zahnsteinbildung zu adressieren.

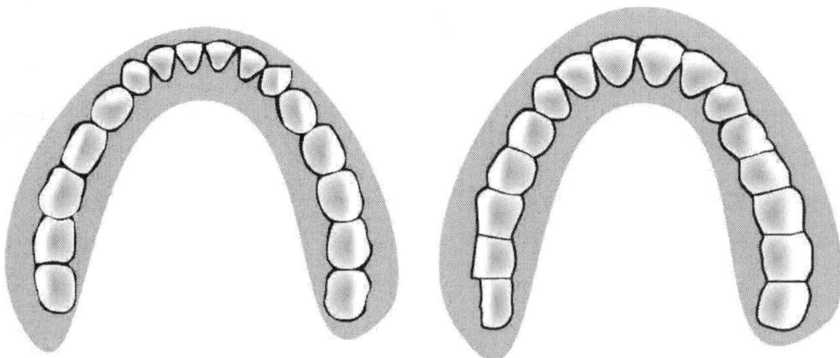

## Strukturelle Anwendungen

Die Wirbelsäule ist nicht nur das zentrale Stützelement des Körpers, sondern auch eine wichtige Achse für das energetische System. In der Aurachirurgie wird die Wirbelsäule als eine Art energetische Autobahn betrachtet, auf der Energieflüsse zwischen den verschiedenen Körperregionen vermittelt werden. Die Methode der „Wirbelsäulenaufrichtung" in der Aurachirurgie zielt darauf ab, diese zentrale Achse in ein optimales Gleichgewicht zu bringen.

### Wirbelsäulenaufrichtung

Die Technik der „Energetischen Wirbelsäulenaufrichtung" ist ein spezialisiertes Verfahren, das sich auf die Korrektur von Fehlstellungen und Blockaden in der Wirbelsäule konzentriert. Dabei werden energetische „Werkzeuge" eingesetzt, um die Wirbelsäule auszurichten und den Energiefluss wiederherzustellen. Diese Methode hat sich als besonders effektiv bei der Behandlung von Rückenschmerzen, Verspannungen und anderen muskuloskelettalen Problemen erwiesen.

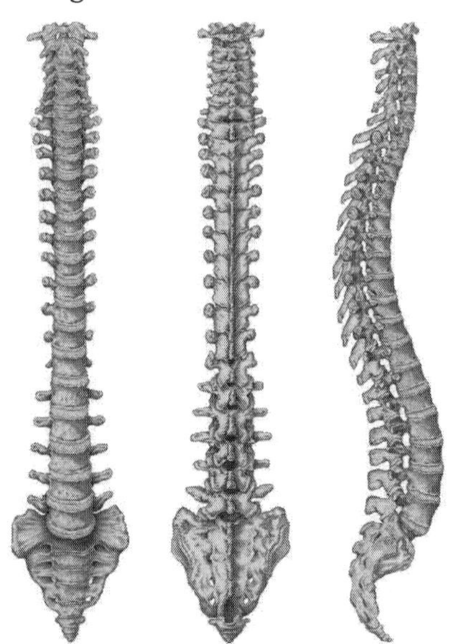

Ein weiterer Ansatz ist die „Meridian-Ausrichtung der Wirbelsäule", bei der die Energiebahnen entlang der Wirbelsäule stimuliert werden. Diese Technik kann besonders hilfreich sein, um die Funktion der an die Wirbelsäule angrenzenden Organe zu verbessern. Sie kann auch dazu beitragen, den emotionalen Zustand des Patienten zu stabilisieren, da die Wirbelsäule in vielen Traditionen als Speicherort für emotionale Energie angesehen wird. Die Aurachirurgie bietet also bei der Wirbelsäulenaufrichtung einen ganzheitlichen Ansatz, der sowohl strukturelle als auch energetische Aspekte berücksichtigt. Sie eröffnet neue Möglichkeiten für die Behandlung von Beschwerden, die mit der Wirbelsäule in Zusammenhang stehen.

## Regulation von Körperflüssigkeiten

Die Regulation von Körperflüssigkeiten wie Blut, Lymphe und interzellulären Flüssigkeiten ist ein oft übersehener, aber wesentlicher Bestandteil des gesamten Wohlbefindens. In der Aurachirurgie wird diesem Thema besondere Aufmerksamkeit geschenkt, da Körperflüssigkeiten als Träger energetischer Informationen angesehen werden. Sie sind nicht nur für den Transport von Nährstoffen und Sauerstoff verantwortlich, sondern auch für die Übertragung energetischer Impulse im Körper.

Ein spezielles Verfahren in der Aurachirurgie ist die „Energetische Flüssigkeitsregulation". Diese Methode zielt darauf ab, den Fluss und die Qualität der Körperflüssigkeiten zu optimieren. Durch die Anwendung spezifischer energetischer Techniken wird versucht, Stagnationen und Blockaden in den Flüssigkeitsbahnen zu lösen. Dies kann besonders hilfreich sein bei Erkrankungen, die mit einer schlechten Zirkulation oder mit Flüssigkeitsansammlungen im Körper verbunden sind.

Ein weiterer innovativer Ansatz ist die „Harmonisierung des Blutflusses". Hierbei wird die energetische Qualität des Blutes selbst in den Fokus genommen. Durch die Anwendung von energetischen Werkzeugen wird versucht, die energetische Signatur des Blutes zu verbessern. Dies kann eine Reihe von positiven Effekten haben, von einer besseren Sauerstoffversorgung der Zellen bis hin zu einer verbesserten Immunantwort.

## Energetische Blockaden

Energetische Blockaden sind ein zentrales Thema in der Aurachirurgie und stellen eine der Hauptursachen für eine Vielzahl von Beschwerden dar, sowohl auf der physischen als auch auf der emotionalen Ebene. Diese Blockaden können als Störungen im Energiefluss des Körpers verstanden werden. In der Aurachirurgie wird ein breites Spektrum an Techniken und Methoden eingesetzt, um solche Blockaden zu identifizieren und zu lösen. Ein besonderes Verfahren ist die „Energetische Kartierung", bei der das energetische Feld des Patienten detailliert analysiert wird. Ziel ist es, spezifische Bereiche zu identifizieren, in denen der Energiefluss gestört ist. Einmal identifiziert, können diese Bereiche mit spezialisierten energetischen „Werkzeugen" behandelt werden. Dazu gehören beispielsweise die „Chakra-Ausrichtung" und die „Meridian-Stimulation", die darauf abzielen, den Energiefluss wieder ins Gleichgewicht zu bringen.

**Fallbeispiel – Energetische Kartierung**

Stellen Sie sich eine Klientin vor, die unter anhaltender Müdigkeit und Erschöpfung leidet, für die es keine offensichtliche medizinische Erklärung gibt. Sie sucht einen Therapeuten auf, der auf „Energetische Kartierung" spezialisiert ist. Nach einer gründlichen Analyse des energetischen Feldes der Klientin identifiziert der Therapeut mehrere Störungen im Energiefluss, insbesondere im Bereich des Solarplexus-Chakras und entlang einiger Meridiane, die mit der Milz und der Leber in Verbindung stehen. Der Therapeut entscheidet sich für eine Kombination aus „Chakra-Ausrichtung" und „Meridian-Stimulation", um den Energiefluss wieder ins Gleichgewicht zu bringen. Er verwendet spezialisierte energetische „Werkzeuge", um die Blockaden im Solarplexus-Chakra zu lösen und die Energie in den betroffenen Meridianen zu stimulieren. Nach mehreren Behandlungssitzungen bemerkt die Klientin eine deutliche Verbesserung ihres Energielevels. Die anhaltende Müdigkeit und Erschöpfung haben nachgelassen und sie fühlt sich in der Lage, ihren Alltag wieder mit mehr Vitalität und Freude zu bewältigen.

Ein weiteres Verfahren ist die „Aura-Reinigung", bei der das gesamte energetische Feld des Körpers von negativen Energien befreit wird. Dies kann besonders hilfreich sein, um emotionale Blockaden zu lösen, die sich als physische Beschwerden manifestieren können. Die „Aura-Reinigung" kann auch präventiv eingesetzt werden, um das energetische System in einem optimalen Zustand zu halten.

**Fallbeispiel – Aura-Reinigung**
Ein Klient fühlt sich seit einiger Zeit gestresst und emotional unausgeglichen. Er klagt über wiederkehrende Kopfschmerzen und Schlafprobleme. Es folgt eine gründliche Untersuchung des energetischen Feldes des Klienten und es wird festgestellt, dass es mit negativen Energien belastet ist, insbesondere im Bereich des Herz- und Stirn-Chakras. Der Therapeut wendet die Technik der Aura-Reinigung an, um diese negativen Energien zu entfernen. Er benutzt spezielle energetische Verfahren, um die Aura des Klienten zu klären und die energetischen Blockaden zu lösen, die sich im Herz- und Stirn-Chakra angesammelt haben. Nach der Behandlung berichtet der Klient von einem Gefühl der Erleichterung und einer spürbaren Verbesserung seines emotionalen Zustands. Die Kopfschmerzen sind verschwunden und auch die Schlafqualität hat sich verbessert. Darüber hinaus bemerkt er eine erhöhte emotionale Resilienz und eine bessere Fähigkeit, mit Stress umzugehen.

Die Behandlung energetischer Blockaden in der Aurachirurgie erfordert eine individuelle Herangehensweise. Jeder Patient ist einzigartig und die Auswahl der geeigneten Techniken muss auf die speziellen Bedürfnisse des Einzelnen abgestimmt sein. Die Aurachirurgie bietet in diesem Bereich eine vielschichtige Methode zur Förderung der Gesundheit und zur Behandlung spezifischer Beschwerden.

# Vorbereitung & Praxis der Aurachirurgie

Die Vorbereitung und Praxis der Aurachirurgie sind ebenso vielschichtig wie die Methode selbst. Sie bilden das Herzstück jeder erfolgreichen Behandlung und gehen weit über die bloße Anwendung spezialisierter Techniken hinaus. In diesem Kapitel tauchen Sie in die Tiefe der Vorbereitungsphasen und der praktischen Durchführung einer aurachirurgischen Sitzung ein. Dabei werden nicht nur die physischen und energetischen Aspekte berücksichtigt, sondern auch die spirituelle Dimension, die in der Aurachirurgie eine wesentliche Rolle spielt. Es wird die Kunst der Kommunikation mit der geistigen Welt beleuchtet, die für viele Therapeuten ein unverzichtbarer Bestandteil ihrer Arbeit ist. Zudem wird ein Blick auf das Wächtersystem geworfen, das als eine Art energetisches Sicherheitsnetz dient und den Therapeuten bei der Durchführung der Behandlung unterstützt. So bietet dieses Kapitel einen umfassenden Überblick über die verschiedenen Elemente, die für eine erfolgreiche aurachirurgische Sitzung erforderlich sind. Es dient als Leitfaden für Therapeuten und Patienten gleichermaßen, um das volle Potenzial dieser spannenden Heilmethode auszuschöpfen.

## DIE RICHTIGE VORBEREITUNG

Die richtige Vorbereitung ist ein Schlüsselelement für den Erfolg einer aurachirurgischen Sitzung. Es beginnt mit einer Reihe von Dos and Don'ts, die sowohl für den Therapeuten als auch für den Patienten von Bedeutung sind.

**Die Dos:**

- Ein **ausführliches Gespräch** zwischen Therapeut und Patient ist unerlässlich, um die Erwartungen zu klären und den Behandlungsplan festzulegen. Vor der Sitzung sollte der Behandlungsraum **energetisch gereinigt** werden, um eine klare und positive Atmosphäre zu schaffen.
- Einige Minuten der **Meditation** oder des **bewussten Atmens** können helfen, sich auf die bevorstehende energetische Arbeit einzustellen. Die Festlegung einer klaren **Intention** für die Sitzung kann die Wirksamkeit der Behandlung erhöhen.
- **Energetische Werkzeuge** wie Pendel, Kristalle oder Karten sollten griffbereit sein.

**Die Don'ts:**

- Stellen Sie sicher, dass alle **störenden Elemente** wie Handys ausgeschaltet sind.
- Die Sitzung sollte nicht unter **Zeitdruck** stehen. Es ist wichtig, sich die Zeit zu nehmen, die für eine vollständige Behandlung erforderlich ist. **Zweifel** und **Skepsis** können die Energiearbeit behindern. Ein offener Geist ist für den Erfolg der Behandlung entscheidend.
- **Kein Alkohol oder andere Drogen**. Diese Substanzen können das energetische Feld stören und sollten vor der Sitzung vermieden werden. Eine **schwere Mahlzeit** kann die Energiearbeit erschweren. Es ist besser, leicht und gesund zu essen.

## DAS RICHTIGE SETTING

Das richtige Setting ist nicht nur eine Frage der äußeren Umgebung, sondern vielmehr ein fein abgestimmtes Zusammenspiel aus verschiedenen Elementen. Diese Elemente wirken zusammen, um eine Atmosphäre zu schaffen, die weit mehr als die Summe ihrer Teile ist. Sie dient dazu, sowohl den Therapeuten als auch den Patienten in einen Zustand der Ruhe, des Vertrauens und der Konzentration zu versetzen. In dieser Atmosphäre können die subtilen Energien, die in der Aurachirurgie so entscheidend sind, am besten fließen.

Die Schaffung eines solchen Settings ist beinahe schon eine Kunstform und berücksichtigt die individuellen Bedürfnisse und Vorlieben sowohl des Therapeuten als auch des Patienten und integriert diese in ein ganzheitliches Konzept. Dabei spielen sowohl physische als auch energetische Faktoren eine Rolle. Die Raumtemperatur, die Beleuchtung, die Akustik und sogar der Duft im Raum können alle dazu beitragen, die Energie des Raumes zu formen und zu lenken.

Die Überlegungen zur Schaffung des idealen Settings sind daher vielschichtig und komplex. Sie reichen von der Auswahl der Möbel und der technischen Ausstattung bis hin zur energetischen Reinigung des Raumes. Jedes Detail, so klein es auch sein mag, hat das Potenzial, die Erfahrung sowohl für den Therapeuten als auch für den Patienten zu beeinflussen. In diesem Sinne ist die Schaffung des richtigen Settings nicht nur eine einmalige Aufgabe, sondern ein fortlaufender Prozess, der eine ständige Feinabstimmung und Anpassung an die sich verändernden Bedürfnisse und Umstände erfordert. Nur so kann ein Raum geschaffen werden, der wirklich förderlich für die energetische Arbeit der Aurachirurgie ist.

Hier sind einige Überlegungen, die bei der Schaffung des idealen Settings eine Rolle spielen:

- **Raumgestaltung**

Der Raum sollte sauber und ordentlich sein, um eine klare Energie zu fördern. Unnötiger Krimskrams und Staub können energetische Blockaden erzeugen. Die Möbel sollten bequem und zweckmäßig sein. Ein bequemer Behandlungsstuhl oder eine Liege ist für den Patienten unerlässlich, während der Therapeut einen ergonomischen Arbeitsplatz benötigt.

- **Beleuchtung**

Die Beleuchtung sollte sanft und beruhigend sein. Zu grelles Licht kann ablenken und die Augen belasten, während zu dunkles Licht die Sicht behindern kann. Dimmbare Lampen oder Kerzen können eine wunderbare Atmosphäre schaffen.

- **Akustik**

Stille oder sanfte, meditative Musik kann die Konzentration fördern und eine beruhigende Wirkung haben. Es ist jedoch wichtig, die Musik vorher auszuwählen und sicherzustellen, dass sie nicht ablenkt oder stört.

- **Duft**

Ein angenehmer Duft kann die Sinne beruhigen und das energetische Feld klären. Ätherische Öle wie Lavendel oder Sandelholz sind oft gute Wahlmöglichkeiten. Es sollte jedoch darauf geachtet werden, dass der Duft nicht zu überwältigend ist und dass keine Allergien beim Patienten bekannt sind.

- **Temperatur**

Die Raumtemperatur sollte angenehm sein. Ein zu kalter oder zu heißer Raum kann sowohl für den Therapeuten als auch für den Patienten unangenehm sein und die Konzentration beeinträchtigen.

- **Persönliche Elemente**

Einige Therapeuten mögen es, persönliche oder spirituelle Gegenstände im Raum zu platzieren, wie etwa Kristalle, Bilder oder Statuen. Diese können als Fokus für die Meditation dienen oder einfach eine inspirierende Atmosphäre schaffen.

- **Technische Ausstattung**

Je nach den spezifischen Anforderungen der aurachirurgischen Techniken kann auch spezielle technische Ausstattung erforderlich sein. Dies kann von speziellen Messgeräten für die Auradiagnostik bis hin zu Audio- oder Videoaufzeichnungsgeräten für die Dokumentation der Sitzung reichen.

Jedes dieser Elemente trägt dazu bei, ein ganzheitliches Erlebnis zu schaffen, das den Therapeuten und den Patienten unterstützt. Die sorgfältige Planung und die Vorbereitung des Settings sind daher ein wichtiger Schritt auf dem Weg zu einer erfolgreichen aurachirurgischen Sitzung.

## DIE BEDEUTUNG VON ENTSPANNUNG UND ACHTSAMKEIT IN DER VORBEREITUNG

Entspannung und Achtsamkeit bilden das Fundament, auf dem die gesamte therapeutische Arbeit aufbaut. Sie schaffen die Voraussetzungen für eine erfolgreiche Behandlung und ermöglichen es sowohl dem

Therapeuten als auch dem Patienten, sich voll und ganz auf den Prozess einzulassen. Entspannung ist nicht nur ein Zustand des Körpers, sondern auch des Geistes. Ein entspannter Geist ermöglicht es dem Therapeuten, sich besser auf die subtilen energetischen Ströme zu konzentrieren, die in der Aurachirurgie so wichtig sind. Gleichzeitig hilft ein entspannter Körper dem Patienten, sich für die energetische Arbeit zu öffnen und die therapeutischen Interventionen besser aufzunehmen. Entspannung kann durch verschiedene Methoden gefördert werden, von Atemübungen über Meditation bis hin zu speziellen Entspannungstechniken wie der Progressiven Muskelentspannung.

**Schnellstartanleitung zur Selbstentspannung**

- Wählen Sie einen ruhigen Ort, an dem Sie ungestört sind. Dimmen Sie das Licht und zünden Sie, falls gewünscht, eine Kerze an oder legen Sie entspannende Musik auf. Setzen oder legen Sie sich in eine bequeme Position. Lockern Sie enge Kleidung und entfernen Sie störende Gegenstände wie Uhren oder Schmuck.
- Schließen Sie die Augen und beginnen Sie, durch die Nase ein- und durch den Mund auszuatmen. Konzentrieren Sie sich voll und ganz auf den Atemfluss. Führen Sie diese Atmung für etwa 2–3 Minuten durch.
- Richten Sie Ihre Aufmerksamkeit auf Ihren Körper. Beginnen Sie bei den Füßen und arbeiten Sie sich langsam nach oben vor. Spüren Sie in jede Körperregion hinein und lassen Sie eventuelle Anspannungen los. Stellen Sie sich vor, wie eine warme, angenehme Energie von den Füßen aufsteigt und sich im gesamten Körper ausbreitet. Visualisieren Sie, wie diese Energie alle Verspannungen löst und Sie in einen Zustand tiefer Entspannung versetzt. Wiederholen Sie still oder laut positive Affirmationen wie „Ich bin ruhig und entspannt" oder „Ich bin im gegenwärtigen Moment".
- Nehmen Sie alle Gedanken und Gefühle, die während dieser Zeit auftauchen, einfach wahr, ohne sie zu bewerten. Lassen Sie sie kommen und gehen wie Wolken am Himmel. Nach 5–10 Minuten (oder länger,

falls gewünscht) öffnen Sie langsam die Augen. Bewegen Sie sanft Ihre Finger und Zehen und strecken Sie sich leicht. Nehmen Sie sich einen Moment Zeit, um für dieses Erlebnis der Entspannung dankbar zu sein. Sie sind jetzt bereit, die aurachirurgische Sitzung oder andere Aktivitäten mit einem entspannten und achtsamen Geist zu beginnen.

Diese Schnellstartanleitung kann als einfache Methode zur Selbstentspannung dienen, die sich gut in den Alltag integrieren lässt und als Vorbereitung auf energetische Behandlungen wie die Aurachirurgie besonders nützlich ist. Achtsamkeit ist ein weiteres wichtiges Element in der Vorbereitung. Sie ermöglicht es dem Therapeuten, sich voll und ganz auf den gegenwärtigen Moment zu konzentrieren und so eine intensivere Verbindung zum energetischen Feld des Patienten herzustellen. Achtsamkeit fördert auch die Selbstwahrnehmung des Patienten, was besonders wichtig ist, da die Aurachirurgie oft subtile Veränderungen im energetischen Gleichgewicht bewirkt, die sonst leicht übersehen werden könnten. Durch Achtsamkeit können diese Veränderungen besser wahrgenommen und integriert werden.

Die Praxis der Achtsamkeit kann durch verschiedene Techniken gefördert werden, darunter Meditation, geführte Visualisierungen oder auch achtsame Bewegung wie Yoga oder Tai-Chi. Das Ziel ist, eine Methode zu finden, die sowohl für den Therapeuten als auch für den Patienten gut funktioniert und in den Ablauf der Sitzung integriert werden kann. Die Anleitung kann Ihnen helfen, Achtsamkeit in Ihren Alltag zu integrieren. Sie ist nicht nur eine wertvolle Ergänzung zur Vorbereitung auf energetische Behandlungen wie die Aurachirurgie, sondern auch ein nützliches Werkzeug für ein ausgeglicheneres und bewussteres Leben. Die Kombination von Entspannung und Achtsamkeit schafft ein optimales Umfeld für die aurachirurgische Arbeit. Sie fördert die Offenheit für energetische Veränderungen, erleichtert die Kommunikation zwischen Therapeut und Patient und ermöglicht eine ganzheitlichere Heilung. Daher sollten diese Elemente als integraler

Bestandteil jeder aurachirurgischen Sitzung betrachtet werden und in der Vorbereitung entsprechend Berücksichtigung finden.

**Schnellstartanleitung zu mehr Achtsamkeit**

- Starten Sie den Tag mit einem Moment der Stille. Nehmen Sie drei Atemzüge und setzen Sie eine Intention für den Tag, beispielsweise „Heute möchte ich achtsam sein". Nehmen Sie sich mehrmals am Tag 1–2 Minuten Zeit, um sich auf Ihren Atem zu konzentrieren. Atmen Sie ein und aus und lassen Sie alle Gedanken los, die in Ihrem Kopf umherschwirren. Beim Essen konzentrieren Sie sich voll und ganz auf den Geschmack, die Textur und den Geruch der Nahrung. Kauen Sie langsam und genießen Sie jede einzelne Zutat.

- Wenn Sie von einem Ort zum anderen gehen, auch wenn es nur ein kurzer Weg ist, versuchen Sie, sich auf jeden Schritt zu konzentrieren. Spüren Sie, wie der Fuß den Boden berührt und wieder abhebt.

- Wenn Sie mit jemandem sprechen, hören Sie aktiv zu. Vermeiden Sie es, Ihre eigenen Gedanken oder Antworten zu formulieren, während die andere Person noch spricht. Setzen Sie kleine Erinnerungen in Ihren Tagesablauf, um innezuhalten und sich Ihrer Gedanken, Gefühle und Ihrer Umgebung bewusst zu werden.

- Notieren Sie am Ende des Tages drei Dinge, für die Sie dankbar sind. Dies fördert eine positive Einstellung und hilft Ihnen, sich auf das Gute in Ihrem Leben zu konzentrieren.

- Bevor Sie schlafen gehen, nehmen Sie sich einen Moment Zeit, um den Tag Revue passieren zu lassen. Was haben Sie gelernt? Was könnten Sie morgen besser machen? Wenn Sie im Bett liegen, konzentrieren Sie sich auf Ihren Atem oder wiederholen Sie ein beruhigendes Mantra, um den Geist zu beruhigen und leichter einzuschlafen. Achtsamkeit ist eine fortlaufende Übung. Seien Sie geduldig mit sich selbst und erinnern Sie sich daran, dass es normal ist, abgelenkt zu werden. Das Wichtigste ist, immer wieder zur Achtsamkeit zurückzukehren.

# Channeling: Kommunikation mit der geistigen Welt

Die Kommunikation mit der geistigen Welt ist ein spannendes Thema, das viele Menschen beschäftigt. Es öffnet Türen zu einer anderen Dimension des Verstehens und bietet die Möglichkeit, Einsichten und Führungen zu erhalten, die im Alltag von unschätzbarem Wert sein können. Die geistige Welt kommuniziert in einer „Sprache", die individuell auf jeden Menschen abgestimmt ist. Diese Sprache kann sich in vielfältigen Formen manifestieren, sei es durch Intuition, Träume oder symbolische Zeichen. Doch wie können Sie diese subtilen Botschaften erkennen, verstehen und in das eigene Leben integrieren?

Die Kunst der Kommunikation mit der geistigen Welt erfordert ein gewisses Maß an Sensibilität, Offenheit und Übung. Es geht darum, die eigene „Sprache" zu lernen, um die Botschaften, die Sie ständig erreichen, auch tatsächlich zu empfangen und zu interpretieren. Dabei können Vorkenntnisse in der Intuitionsarbeit von großem Nutzen sein, da sie die Wahrnehmungsfähigkeit schärfen und das Verständnis für die verschiedenen Kommunikationsformen vertiefen. In diesem Unterkapitel werden verschiedene Aspekte der Kommunikation mit der geistigen Welt beleuchtet – von der Erläuterung der verschiedenen „Sprachen" und der Bedeutung von Vorkenntnissen in der Intuitionsarbeit über Methoden und Techniken zur Schärfung der eigenen

Wahrnehmung bis hin zur praktischen Anwendung und dem Empfang von Botschaften und Informationen. Dabei werden auch verschiedene Werkzeuge vorgestellt, die bei der Kommunikation hilfreich sein können, wie etwa Pendel oder Tarotkarten.

Die Fähigkeit, mit der geistigen Welt zu kommunizieren, ist nicht nur für spirituell Suchende von Bedeutung, sondern kann jedem Menschen in vielen Lebensbereichen wertvolle Einblicke und Orientierung bieten. Es ist ein spannendes und bereicherndes Feld, das dazu einlädt, die eigenen Grenzen zu erweitern und eine tiefere Verbindung zu sich selbst und dem Universum herzustellen.

# DIE SPRACHE DER GEISTIGEN WELT VERSTEHEN

## Verstehen und Interpretieren intuitiver Eingebungen

Intuition ist eine faszinierende und oft schwer fassbare Form der inneren Weisheit, die sich jenseits der logischen Analyse und des bewussten Denkens bewegt. Sie wird oft als ein „Bauchgefühl" oder als „sechster Sinn" beschrieben und kann sich in vielfältigen Formen manifestieren. Manchmal ist es ein plötzlicher Gedanke oder eine Eingebung, die scheinbar aus dem Nichts kommt. In anderen Fällen kann es sich um ein körperliches Gefühl handeln, etwa ein Ziehen im Magen oder ein Kribbeln auf der Haut, das als Reaktion auf eine bestimmte Situation oder Person auftritt.

Ihre Intuition kann sich auf faszinierende Weise durch Sinneswahrnehmungen manifestieren, die oft über das hinausgehen, was gemeinhin als rational oder logisch betrachtet wird. So können zum Beispiel visuelle Bilder plötzlich und unerwartet im Geist auftauchen, oft in Form von Symbolen, Farben oder sogar komplexen Szenarien. Diese inneren Bilder können metaphorisch sein und eine subtilere

Bedeutung oder Botschaft vermitteln, die erst bei näherer Betrachtung klar wird. Manchmal sind sie so lebhaft und detailliert, dass sie fast wie eine Art innerer Film erscheinen, der eine spezifische Botschaft oder Anleitung enthält.

Klänge und Musik können ebenfalls als Träger intuitiver Botschaften dienen. Einige Menschen berichten von bestimmten Melodien oder Tönen, die in ihrem Inneren erklingen und als Wegweiser oder Bestätigung für bestimmte Entscheidungen oder Handlungen dienen. Diese Klänge können sowohl vertraut als auch völlig neu sein und oft eine emotionale Resonanz oder ein Gefühl der Verbindung mit etwas Größerem erzeugen.

Gerüche sind eine weitere, wenn auch weniger häufige, Form der intuitiven Kommunikation. Ein plötzlicher Duft, der ohne erkennbare äußere Quelle auftritt, kann starke Erinnerungen oder Gefühle hervorrufen und als Zeichen oder Botschaft interpretiert werden. In einigen Fällen können Gerüche auch als Warnung oder als Bestätigung für eine bestimmte Handlung oder Entscheidung dienen.

Die Erfahrung einer „inneren Stimme" ist ebenfalls ein weit verbreitetes Phänomen in der intuitiven Kommunikation. Diese Stimme kann sich wie ein innerer Dialog anfühlen, der Ratschläge gibt, Fragen beantwortet oder sogar vor bevorstehenden Ereignissen warnt. Interessanterweise wird diese innere Stimme oft als klüger und weiser wahrgenommen als das alltägliche, bewusste Denken und sie spricht häufig in einem Ton, der sowohl autoritativ als auch liebevoll ist.

Jede dieser Ausdrucksformen der Intuition ist einzigartig und individuell und ihre Bedeutung kann nur im Kontext der eigenen Lebenserfahrung und Persönlichkeit vollständig verstanden werden. Sie alle bieten jedoch wertvolle Wege, um mit der geistigen Welt in Kontakt zu treten und deren Weisheit und Führung in das eigene Leben zu integrieren.

Es gibt auch diejenigen, die Intuition als eine Art „Wissen ohne Wissen" beschreiben, ein Verständnis oder eine Erkenntnis, die sich nicht durch logisches Denken oder empirische Beweise erklären lässt. In solchen Fällen fühlt sich die intuitive Eingebung oft wie eine unmittelbare und unbestreitbare Wahrheit an, die keiner weiteren Überprüfung bedarf. Oftmals handelt es sich um Einsichten, die so grundlegend sind, dass sie das Gefühl vermitteln, eine universelle Wahrheit berührt zu haben.

Diese Erkenntnisse können sich auf persönliche Angelegenheiten beziehen, wie etwa die Lösung eines Problems, das einen schon lange beschäftigt hat, oder sie können allgemeiner Natur sein, wie das Verständnis für die Zusammenhänge des Lebens oder die Natur der menschlichen Existenz.

In solchen Augenblicken ist das Vertrauen in die eigene Intuition meist so stark, dass kein Raum für Zweifel bleibt. Die Eingebung wird als so authentisch und wahrhaftig empfunden, dass die Notwendigkeit für eine weitere Überprüfung oder Bestätigung von außen entfällt. Es ist, als ob die Seele selbst gesprochen hätte, und ihre Botschaft wird oft als endgültig und unumstößlich akzeptiert.

Diese Art der intuitiven Erkenntnis kann auch eine emotionale oder spirituelle Wirkung haben. Sie kann Trost spenden, Ängste lindern oder ein Gefühl der Verbundenheit mit etwas Größerem als sich selbst erzeugen. In jedem Fall stellt sie eine Form der inneren Führung dar, die weit über das hinausgeht, was durch bewusstes Denken allein erreichbar wäre. Sie ist ein Zeugnis für die unergründlichen Tiefen der menschlichen Psyche und für die Möglichkeit, Zugang zu einer Weisheit zu erhalten, die in den verborgenen Ecken des Unterbewusstseins ruht. Die Art und Weise, wie sich Intuition äußert, ist stark von der individuellen Persönlichkeit, den Erfahrungen und den kulturellen Hintergründen der jeweiligen Person abhängig. Einige Menschen haben eine sehr ausgeprägte intuitive Wahrnehmung und verlassen sich regelmäßig auf ihre inneren Eingebungen, während andere diese Fähigkeit erst noch entwickeln oder bewusst schulen müssen.

Die Intuition findet in zahlreichen Lebensbereichen Anwendung und wird nicht nur als mystische oder spirituelle Fähigkeit betrachtet. In der Wissenschaft etwa dient sie Forschern als Inspirationsquelle für neue Experimente oder Theorien. Sie kann den entscheidenden Funken liefern, der zu einer bahnbrechenden Entdeckung führt. In der Kunst wiederum ermöglicht die Intuition dem Künstler, über das Offensichtliche hinauszusehen und Werke zu schaffen, die subtilere emotionale oder intellektuelle Ebenen berühren.

Im Geschäftsleben wird die Intuition oft als „Bauchgefühl" bezeichnet und kann bei Entscheidungen eine wichtige Rolle spielen, die auf den ersten Blick riskant erscheinen mögen. Erfolgreiche Unternehmer und Führungskräfte berichten häufig davon, dass ihre intuitiven Einschätzungen sie in kritischen Momenten unterstützt haben, sei es bei der Auswahl eines Geschäftspartners, bei Investitionsentscheidungen oder bei der Einführung eines neuen Produkts.

Die Intuition wird somit als eine Art „innerer Kompass" angesehen, der in verschiedenen Kontexten und Disziplinen Orientierung bieten kann. Sie ergänzt die rationale Analyse und das logische Denken, indem sie Zugang zu einer anderen Art von Wissen und Verständnis ermöglicht. Dieses „andere Wissen" ist oft schwer in Worte zu fassen, aber seine Auswirkungen sind unübersehbar, sowohl im persönlichen als auch im beruflichen Leben.

**Beispiel:**
Stellen Sie sich vor, Sie stehen vor der Wahl zwischen zwei Jobangeboten. Beide Optionen haben ihre Vor- und Nachteile und nach gründlicher Analyse und Abwägung aller Faktoren kommen Sie zu dem Schluss, dass beide Angebote nahezu gleichwertig sind. In diesem Moment kann Ihre Intuition als „innerer Kompass" dienen. Vielleicht spüren Sie eine subtile Ziehung oder eine Art „Bauchgefühl" in Richtung eines der Angebote. Dieses intuitive Gefühl kann auf Faktoren hinweisen, die in einer rein rationalen Analyse nicht erfasst werden können,

wie etwa die Unternehmenskultur, zukünftige Möglichkeiten oder einfach die bessere Übereinstimmung mit Ihren persönlichen Werten und Zielen. Sie entscheiden sich für das Angebot, das sich „richtig" anfühlt, und im Nachhinein stellt sich heraus, dass es die beste Entscheidung war, die Sie treffen konnten. In diesem Fall hat Ihre Intuition Ihnen einen wertvollen Einblick gegeben, der über das hinausgeht, was Logik und rationale Analyse allein hätten bieten können.

Trotz der breiten Anerkennung der Intuition als wertvolles Instrument bleibt sie ein Mysterium, das der wissenschaftlichen Erklärung oft trotzt. Ihre ungreifbare Natur macht sie zu einem faszinierenden, aber auch herausfordernden Gegenstand der Forschung. Dennoch ist die allgemeine Übereinstimmung darüber, dass die Intuition eine wesentliche Rolle in der menschlichen Erfahrung und der Entscheidungsfindung spielt, ein Zeichen für ihre anhaltende Relevanz und ihren Wert.

**Beispiele für intuitive Kommunikation mit der geistigen Welt**

- **Synchronizität**

Einige Menschen erleben sogenannte „Synchronizitäten", also scheinbar zufällige Ereignisse, die jedoch eine tiefere Bedeutung oder Botschaft zu haben scheinen. Zum Beispiel könnte jemand in einer Lebenskrise plötzlich auf ein Buch stoßen, das genau die Antworten oder Inspirationen bietet, die benötigt werden.

- **Intuitive Traumdeutung**

Manche Menschen erhalten im Traum klare Botschaften oder Anleitungen von verstorbenen Angehörigen oder geistigen Führern. Diese Träume sind oft besonders lebhaft und hinterlassen einen bleibenden Eindruck.

- **Tierkommunikation**
Einige Menschen berichten, dass sie in der Lage sind, die Bedürfnisse oder Gefühle von Tieren intuitiv zu erfassen. Dies geschieht oft durch eine Art „inneres Wissen", das plötzlich aufkommt.
- **Innere Stimme**
Diese Stimme gibt oft Ratschläge oder Anweisungen, die sich später als äußerst nützlich erweisen. Sie kann in Momenten der Stille, während der Meditation oder sogar in hektischen, stressigen Situationen auftreten.
- **Eingebungen**
Plötzliche Erkenntnisse oder Ideen, die „aus dem Nichts" zu kommen scheinen. Diese Eingebungen können Lösungen für komplexe Probleme bieten oder kreative Durchbrüche ermöglichen und treten oft auf, wenn der Geist entspannt ist.

## Übungen zur Stärkung der intuitiven Fähigkeiten

### Übung Nr. 1: Das intuitive Tagebuch

Diese Übung hilft nicht nur dabei, die intuitive Kommunikation zu stärken, sondern fördert auch das Selbstbewusstsein und die Selbstkenntnis. Sie bietet eine strukturierte Methode, um sich regelmäßig mit der eigenen Intuition auseinanderzusetzen und diese zu kultivieren.

**Materialien:**

– ein leeres Notizbuch oder Tagebuch
– ein Stift
– ein ruhiger Ort ohne Ablenkungen

**Anleitung**

- Finden Sie einen ruhigen Ort, an dem Sie ungestört sind. Schalten Sie das Handy aus oder stellen Sie es auf „Nicht stören". Zünden Sie vielleicht eine Kerze an oder legen Sie sanfte Musik auf, um eine entspannte Atmosphäre zu schaffen.
- Setzen Sie sich bequem hin und schließen Sie die Augen. Atmen Sie ein und aus. Konzentrieren Sie sich auf den Atem und lassen Sie alle Gedanken los. Führen Sie diese Atemübungen für etwa 3–5 Minuten durch.
- Öffnen Sie die Augen und nehmen Sie das Notizbuch zur Hand. Schreiben Sie eine Absicht für diese Übung auf, zum Beispiel: „Ich bin offen für intuitive Eingebungen und bereit, meiner inneren Stimme zu lauschen."
- Beginnen Sie, ohne viel nachzudenken, Worte oder Sätze aufzuschreiben, die Ihnen in den Sinn kommen. Versuchen Sie, den Stift nicht abzusetzen, und zensieren Sie sich nicht. Schreiben Sie mindestens eine Seite voll. Lesen Sie, was Sie geschrieben haben, und markieren Sie Passagen, die Ihnen besonders bedeutsam erscheinen. Gibt es Worte, Sätze oder Themen, die wiederholt auftauchen? Notieren Sie Ihre Beobachtungen.
- Wiederholen Sie diese Übung täglich oder so oft wie möglich. Je regelmäßiger Sie üben, desto stärker werden Ihre intuitiven Fähigkeiten. Nach einer Woche oder einem Monat schauen Sie zurück und lesen Ihre Einträge.

– Gibt es Muster oder wiederkehrende Botschaften?
– Haben sich einige der intuitiven Eingebungen als nützlich oder wahr erwiesen?

Passen Sie die Übung nach Bedarf an und setzen Sie die Praxis fort.

## Übung Nr. 2: Der intuitive Spaziergang

Diese Übung fördert neben der Intuition auch das allgemeine Wohlbefinden. Sie verbindet Sie mit der Natur und ermöglicht es, innere Botschaften in der äußeren Welt zu erkennen. Sie ist eine wunderbare Methode, um die eigene Intuition in Einklang mit der natürlichen Umgebung zu bringen.

### Materialien

- bequeme Kleidung und Schuhe
- ein Notizbuch oder eine Aufnahmefunktion auf Ihrem Mobiltelefon
- ein natürlicher Ort wie ein Park, Wald oder Strand

### Anleitung

- Wählen Sie einen Ort in der Natur, an dem Sie sich wohlfühlen und der nicht zu überlaufen ist. Der Ort sollte Ihnen die Möglichkeit geben, in Ruhe und ohne viele Ablenkungen zu spazieren.
- Bevor Sie losgehen, nehmen Sie sich einen Moment Zeit, um durchzuatmen und sich zu zentrieren. Schließen Sie die Augen und spüren Sie den Boden unter Ihren Füßen. Atmen Sie tief ein und aus und öffnen Sie dann die Augen. Bevor Sie mit dem Spaziergang beginnen, setzen Sie eine Absicht. Diese könnte lauten:

„Ich bin offen für die Botschaften, die mir die Natur und meine Intuition heute senden."

- Beginnen Sie Ihren Spaziergang und versuchen Sie, sich voll und ganz auf Ihre Umgebung einzulassen. Achten Sie auf die Geräusche, die Farben und die verschiedenen Formen der Natur. Lassen Sie die Gedanken kommen und gehen, ohne an ihnen festzuhalten.
- Machen Sie während des Spaziergangs drei bis fünf intuitive Stopps. Das sind Momente, in denen Sie innehalten, weil Sie sich zu einem bestimmten Punkt oder Objekt hingezogen fühlen. Es könnte ein Baum, ein Stein oder ein Gewässer sein. Nehmen Sie sich einen Moment Zeit,

um dieses Objekt zu betrachten, es zu berühren oder einfach nur seine Präsenz zu spüren.

- Nach jedem intuitiven Stopp machen Sie sich kurze Notizen oder eine Sprachaufnahme über das, was Sie erlebt oder gefühlt haben.

– Was hat das Objekt oder der Ort in Ihnen ausgelöst?
– Gab es irgendwelche Gedanken oder Eingebungen?

- Beenden Sie den Spaziergang und setzen Sie sich an einen ruhigen Ort. Lesen Sie Ihre Notizen durch oder hören Sie sich die Aufnahmen an.

– Gibt es wiederkehrende Themen oder Botschaften?
– Wie fühlen Sie sich nach dem Spaziergang?

## TRÄUME – DIE SPRACHE DES UNTERBEWUSSTSEINS

Träume dienen als Brücke zwischen dem Bewusstsein und dem Unterbewusstsein und bieten eine einzigartige Plattform für die Interaktion mit der geistigen Welt. In diesem Zustand der veränderten Wahrnehmung öffnen sich die Tore zu einer anderen Dimension, in der die Gesetze der Logik und der Physik nicht unbedingt gelten. Hier können Botschaften und Anleitungen von geistigen Helfern, Schutzengeln oder verstorbenen Angehörigen empfangen werden. Diese Botschaften sind oft symbolisch und metaphorisch, da sie aus einer Ebene stammen, die jenseits der linearen Zeit und des rationalen Denkens liegt. Die nächtlichen Traumerlebnisse bieten eine Gelegenheit, Einsichten in persönliche Herausforderungen, Lebensaufgaben oder spirituelle Fragen zu erhalten. Sie können auch als Wegweiser für die persönliche Entwicklung dienen und Hinweise auf ungeklärte emotionale Themen geben. In diesem Sinne sind Träume ein wertvolles Instrument für die Kommunikation mit der geistigen Welt, das die

Fähigkeit besitzt, die Grenzen des Bewusstseins zu erweitern und Zugang zu einer höheren Weisheit zu ermöglichen.

## Typische Traumsymbole und ihre Bedeutung

Die Sprache der Träume ist reich an Symbolen und jedes Symbol kann eine Vielzahl von Bedeutungen haben, abhängig vom Kontext des Traums und der persönlichen Erfahrung des Träumenden. Einige der häufigsten Traumsymbole sind:

- **Wasser**

Wasser ist oft ein Symbol für Emotionen oder das Unbewusste. Ein ruhiger See könnte innere Ruhe darstellen, während ein stürmisches Meer auf emotionale Turbulenzen hinweisen könnte.

- **Tiere**

Diese können Instinkte, unbewusste Gefühle oder Aspekte der Persönlichkeit repräsentieren. Ein Löwe könnte beispielsweise Mut oder Führungsqualitäten symbolisieren.

- **Fliegen**

Dies ist ein klassisches Symbol für Freiheit oder den Wunsch, aus einer bestimmten Situation zu entkommen. Es kann auch spirituelle Ambitionen oder das Streben nach höherem Wissen darstellen.

- **Häuser**

Häuser sind oft ein Symbol für das Selbst oder die Persönlichkeit. Verschiedene Räume im Haus können verschiedene Aspekte des Selbst repräsentieren.

- **Straßen und Wege**

Diese können die Lebensreise symbolisieren und sind oft ein Hinweis auf Entscheidungen, die getroffen werden müssen, oder Herausforderungen, die bewältigt werden sollten.

- **Berge**

Berge könnten für große Herausforderungen oder Ziele stehen, die es zu überwinden oder zu erreichen gilt.

- **Brücken**

Brücken symbolisieren oft Übergänge, Veränderungen oder Entscheidungen, die im Leben anstehen.

- **Uhren und Zeit**

Beides kann auf das Gefühl von Dringlichkeit oder den Wunsch nach mehr Zeit in bestimmten Lebensbereichen hinweisen.

- **Blumen**

Diese könnten für Wachstum, Potenzial und natürliche Schönheit stehen. Verschiedene Arten von Blumen können auch spezifische Emotionen oder Personen repräsentieren.

- **Feuer**

Feuer ist ein vielschichtiges Symbol, das sowohl Zerstörung als auch Leidenschaft und Erneuerung bedeuten kann.

- **Schlüssel**

Ein Schlüssel ist oft ein Symbol für Lösungen, Antworten oder den Zugang zu etwas, das bisher unerreichbar oder verborgen war.

**• Türen**

Diese können Möglichkeiten oder Entscheidungen repräsentieren. Eine offene Tür könnte eine neue Gelegenheit symbolisieren, während eine geschlossene Tür für eine verpasste Chance stehen könnte.

**• Fahrzeuge (Autos, Züge, Flugzeuge)**

Diese könnten die aktuelle „Fahrt" durch das Leben symbolisieren und auch, wie viel Kontrolle darüber gefühlt wird.

**• Spiegel**

Spiegel könnten zur Selbstreflexion oder zur Konfrontation mit Teilen des Selbst anregen, die vielleicht nicht gerne gesehen werden.

**• Stürme**

Diese könnten für emotionale Unruhe oder aufkommende Veränderungen stehen, die als bedrohlich oder beängstigend empfunden werden.

Jedes Symbol kann eine Vielzahl von Bedeutungen haben, die durch die individuelle Lebensgeschichte, den emotionalen Zustand und sogar die aktuellen Lebensumstände des Träumenden beeinflusst werden. Daher ist es von großer Bedeutung, nicht nur auf etablierte Interpretationen zurückzugreifen, sondern auch die eigenen Emotionen, Gedanken und Assoziationen, die ein bestimmtes Symbol im Traum auslöst, in die Deutung einzubeziehen. Dieser ganzheitliche Ansatz ermöglicht eine detailliertere Einsicht in die verborgenen Botschaften, die die geistige Welt möglicherweise übermitteln möchte. Die Kunst, die vielschichtigen Bedeutungen von Träumen zu entschlüsseln, ist eine Fertigkeit, die durch kontinuierliche Praxis und bewusste Reflexion entwickelt werden kann. Das Führen eines Traumtagebuchs ist ein effektives Mittel, um die eigenen Träume systematisch zu erforschen und ihre Bedeutungen im Laufe der Zeit besser zu verstehen. Durch das regelmäßige Aufzeichnen und Analysieren der Träume wird nicht nur das Gedächtnis für Trauminhalte verbessert, sondern auch die Fähigkeit gestärkt, die feinen Nuancen und wiederkehrenden Muster zu erkennen. Dies wiederum erleichtert das Verständnis für die symbolische Sprache der Träume und ermöglicht es, die darin enthaltenen Botschaften und Anleitungen bewusster in das tägliche Leben zu integrieren.

## Zeichen und Synchronizitäten

### Was sind Zeichen und wie können sie interpretiert werden?

Zeichen können in den unterschiedlichsten Formen erscheinen: Vielleicht begegnet Ihnen immer wieder die gleiche Tierart oder eine bestimmte Zahlenfolge taucht in Ihrem Leben auf. Manchmal sind es auch Worte oder Sätze, die in einem Buch oder Gespräch besonders hervorstechen und Ihre Aufmerksamkeit erregen. Zeichen zu deuten erfordert ein feines Gespür und die Bereitschaft, sich auf die subtilen Botschaften einzulassen, die durch diese Zeichen vermittelt werden könnten. Es ist eine Einladung, sich auf eine Ebene der Wahrnehmung einzulassen, die über das Offensichtliche hinausgeht. Hierbei ist Ihre emotionale Reaktion auf das Zeichen ein wichtiger Indikator. Wenn ein bestimmtes Tier immer wieder in Ihrem Leben auftaucht und Sie sich davon angezogen fühlen, könnte dies mehr sein als nur ein Zufall. Vielleicht spiegelt das Tier eine Eigenschaft oder Fähigkeit wider, die in Ihnen schlummert und darauf wartet, entdeckt und entwickelt zu werden. Dies könnte ein Zeichen sein, dass Sie sich mehr auf diese spezielle Qualität konzentrieren sollten, sei es Mut, Weisheit oder etwas anderes, das das Tier symbolisch repräsentiert.

Ebenso wichtig wie die emotionale Reaktion sind die persönlichen Assoziationen, die ein Zeichen in Ihnen hervorruft. Ein und dasselbe Zeichen kann für verschiedene Menschen unterschiedliche

Bedeutungen haben. Ihre individuellen Erfahrungen, Überzeugungen und sogar Ihre kulturellen Hintergründe prägen die Art und Weise, wie Sie ein Zeichen interpretieren. Es ist daher ratsam, bei der Deutung eines Zeichens eine ausgewogene Herangehensweise zu wählen. Hören Sie auf Ihre innere Stimme und Ihre Intuition, aber ziehen Sie auch allgemein anerkannte symbolische Bedeutungen in Betracht. Diese duale Herangehensweise ermöglicht eine reichere, nuanciertere Interpretation, die Ihnen Einsichten und Antworten bieten kann. So wird die Zeichendeutung zu einer ganzheitlichen Methode, die sowohl die persönliche Intuition als auch das kollektive Wissen ehrt.

**Beispiel:**
Sie bemerken, dass Schmetterlinge in letzter Zeit häufig in Ihrem Leben auftauchen, sei es in der Natur, auf Bildern oder in Träumen. Die Frage nach der Bedeutung dieser wiederholten Begegnungen drängt sich auf. In der traditionellen Symbolik repräsentieren Schmetterlinge oft Transformation, Neuanfang und Freiheit. Diese allgemein anerkannten Bedeutungen könnten darauf hindeuten, dass eine Veränderung in Ihrem Leben bevorsteht oder dass es Zeit für persönliches Wachstum ist. Gleichzeitig erinnert Sie das Auftauchen der Schmetterlinge an eine besondere Kindheitserfahrung. Vielleicht haben Sie damals einen Schmetterling in die Freiheit entlassen und dieses Ereignis hat bei Ihnen ein Gefühl der Freude und Unbeschwertheit ausgelöst. Diese persönliche Assoziation und die damit verbundenen Emotionen sind ebenso wichtig wie die traditionelle Symbolik.

In diesem Fall könnten Sie die duale Herangehensweise anwenden, indem Sie sowohl die allgemeine Bedeutung des Schmetterlings als auch Ihre persönlichen Assoziationen und Gefühle berücksichtigen. Vielleicht kommen Sie zu dem Schluss, dass die Schmetterlinge nicht nur eine bevorstehende Veränderung symbolisieren, sondern auch eine Erinnerung an die Freude und Leichtigkeit sind, die Sie in Ihr Leben integrieren sollten. Diese ganzheitliche Interpretation ermöglicht es Ihnen, eine nuanciertere Bedeutung aus dem Zeichen zu ziehen, die sowohl auf kollektivem Wissen als auch auf persönlicher Intuition basiert.

Die Fähigkeit, Zeichen zu erkennen und zu deuten, ist erlernbar. Sie eröffnet eine zusätzliche Ebene der Kommunikation mit der geistigen Welt und bereichert das Leben durch die Möglichkeit, spirituelle Führung und Einsicht zu empfangen.

## Beispiele für Zeichen und Synchronizitäten im Alltag

Zeichen und Synchronizitäten im Alltag sind Phänomene, die oft als flüchtige Momente auftreten und leicht übersehen werden können, wenn Sie nicht bewusst darauf achten. Sie sind kleine Botschaften oder Hinweise, die in den unterschiedlichsten Formen und Kontexten erscheinen können. Ein klassisches Beispiel ist die wiederkehrende Uhrzeit 11:11, die viele Menschen als ein Zeichen für eine bevorstehende Veränderung oder als Aufforderung zur Achtsamkeit interpretieren. Diese Uhrzeit kann auf der Uhr im Auto, auf dem Handy oder sogar auf einer Quittung auftauchen und scheint oft in Momenten der Unsicherheit oder des Wandels präsent zu sein.

Unerwartete Begegnungen mit Menschen, die scheinbar aus dem Nichts in Ihrem Leben auftauchen, können eine tiefgreifende Bedeutung haben. Stellen Sie sich vor, Sie durchleben eine schwierige Phase und treffen zufällig einen alten Freund in einem Café. Dieser Freund hört Ihnen zu, teilt seine eigenen Erfahrungen und bietet Ihnen eine neue Perspektive auf Ihre Situation. In diesem Moment fühlt es sich an, als hätte das Schicksal oder die geistige Welt diese Begegnung arrangiert, um Ihnen genau die Unterstützung und Ermutigung zu bieten, die Sie in diesem Augenblick benötigen.

Oder nehmen Sie das Beispiel eines völlig Fremden, den Sie in einer Warteschlange oder im Zug treffen. Ein kurzes Gespräch entwickelt sich und plötzlich teilt diese Person eine Lebensweisheit oder einen Ratschlag mit Ihnen, der genau zu Ihrer aktuellen Herausforderung passt. Es ist, als ob das Universum Ihnen durch diese Person eine Botschaft sendet, eine Art kosmische Bestätigung, dass Sie nicht allein sind und dass Unterstützung in den unerwartetsten Formen und Momenten auftauchen kann.

Diese scheinbar zufälligen Begegnungen fühlen sich oft wie kleine Wunder an, wie Geschenke des Schicksals, die genau im richtigen Moment kommen. Sie können als Zeichen oder Botschaften interpretiert werden, die darauf hindeuten, dass Sie auf dem richtigen Weg sind, dass die geistige Welt Sie sieht und unterstützt. Es ist eine Erinnerung daran, dass das Leben voller Überraschungen ist und dass diese Überraschungen manchmal genau das sind, was Sie brauchen, um voranzukommen oder einen Durchbruch zu erleben.

Farben als Zeichen sind ein besonders fesselndes Phänomen. Stellen Sie sich vor, Sie stehen vor einer wichtigen Lebensentscheidung und bemerken plötzlich, dass die Farbe Blau immer wieder in Ihrer Umgebung erscheint. Vielleicht ist es der blaue Himmel, der Sie an einem sonst grauen Tag überrascht, oder ein vorbeifahrendes blaues Auto, das Ihre Aufmerksamkeit erregt. Diese wiederholte Präsenz einer Farbe könnte mehr sein als bloßer Zufall. Farben tragen energetische Schwingungen und symbolische Bedeutungen. Blau könnte beispielsweise für Ruhe, Kommunikation oder Weisheit stehen. Wenn eine Farbe auffällig oft erscheint, könnte das ein Hinweis darauf sein, dass Sie sich auf eine bestimmte Qualität oder Emotion in Ihrem Leben konzentrieren sollten. Es ist wie eine stille Botschaft, die Ihnen sagt, dass es Zeit ist, innezuhalten und über Ihre emotionale und spirituelle Verfassung nachzudenken.

Musik als Quelle für Zeichen ist ebenso faszinierend. Musik spricht die Seele auf einer anderen Ebene an und hat die Kraft, Emotionen und Erinnerungen hervorzurufen. Stellen Sie sich vor, Sie fahren im Auto, grübeln über eine schwierige Situation und plötzlich spielt ein Lied im Radio, dessen Textzeilen genau zu Ihrer aktuellen

Lebenslage passen. In diesem Moment fühlt es sich an, als würde das Universum direkt mit Ihnen kommunizieren, als würde es Ihnen durch die Melodie und den Text eine klare Botschaft senden. Vielleicht ist es eine Zeile über das Loslassen, die Sie gerade in einer Phase des Abschieds hören, oder ein Lied über die Freude, das genau dann erklingt, wenn Sie einen kleinen Sieg feiern. Diese musikalischen Synchronizitäten können als Zeichen oder Botschaften interpretiert werden, die Ihnen Orientierung, Trost oder Bestätigung bieten. Es ist eine Art der Kommunikation, die die Grenzen des Verstandes überschreitet und direkt das Herz berührt.

Sogenannte „glückliche Zufälle", auch als Synchronizitäten bekannt, besitzen oft eine Bedeutung, die über das bloße Zufallsgeschehen hinausgeht. Stellen Sie sich vor, Sie denken an eine alte Freundin, mit der Sie schon lange keinen Kontakt mehr hatten, und just in diesem Moment klingelt das Telefon und sie ist am anderen Ende der Leitung. Diese Art von Synchronizität kann sich anfühlen, als ob die Sterne sich ausgerichtet hätten, um dieses Wiederhören zu ermöglichen. Es ist, als ob die geistige Welt Ihnen eine klare Botschaft sendet, dass diese Verbindung in Ihrem Leben eine besondere Bedeutung hat und dass es Zeit ist, sie wieder aufleben zu lassen. Oder denken Sie an den Moment, in dem Sie in einer Buchhandlung oder Bibliothek ein Buch entdecken, das genau die Antworten oder die Inspiration enthält, die Sie in Ihrer aktuellen Lebensphase suchen. Vielleicht handelt es sich um ein Thema, mit dem Sie sich gerade intensiv beschäftigen, oder um eine Frage, die Sie schon lange beschäftigt. Das Buch scheint wie für Sie gemacht zu sein und bietet Ihnen genau die Einsichten, die Sie benötigen. Es ist, als hätte das Universum dieses Buch genau für Sie platziert, als Leitfaden oder als Quelle der Inspiration. Diese scheinbar zufälligen Ereignisse haben oft eine magische Qualität. Sie können als klare Botschaften oder Bestätigungen interpretiert werden, die Ihnen den Weg weisen oder Sie in Ihrer aktuellen Lebenssituation unterstützen. Sie dienen als Erinnerung daran, dass das Leben voller verborgener Führungen und Botschaften ist, die nur darauf warten, entdeckt zu werden. Diese „glücklichen Zufälle" sind oft ein Zeichen dafür, dass Sie in Resonanz mit der geistigen Welt sind und dass Ihre Gedanken, Wünsche oder Fragen gehört werden.

## Techniken zur bewussten Wahrnehmung und Deutung von Zeichen und Synchronizitäten

Die bewusste Wahrnehmung dient als Brücke zu einer intensiveren Verbindung mit der geistigen Welt und den subtilen Energien, die das Leben in vielfältiger Weise beeinflussen. In einer Zeit, in der die Aufmerksamkeit oft durch zahlreiche Ablenkungen fragmentiert ist – sei es durch soziale Medien, berufliche Verpflichtungen oder den alltäglichen Trubel –, wird die Fähigkeit, bewusst wahrzunehmen, zu einem kostbaren Gut. Warum ist es notwendig, bewusst auf Zeichen und Synchronizitäten zu achten? Die Antwort liegt in der subtilen Natur dieser Phänomene. Zeichen und Synchronizitäten sind oft leise Flüstern im Wind, leicht zu übersehen, wenn Sie nicht genau hinhören. Sie sind wie verborgene Schätze, die sich nur demjenigen offenbaren, der bereit ist, den Blick vom Offensichtlichen abzuwenden und in die Tiefe zu schauen. Wenn Sie nicht bewusst darauf achten, laufen Sie Gefahr, diese kostbaren Hinweise zu übersehen und damit die Möglichkeit zu verpassen, Ihr Leben in eine erfüllendere Richtung zu lenken. Sie könnten auch wertvolle Gelegenheiten für persönliches Wachstum und spirituelle Entwicklung verpassen.

Wie kann nun die bewusste Wahrnehmung die Qualität der Kommunikation mit der geistigen Welt verbessern? Indem Sie Ihre Sinne schärfen und Ihre Aufmerksamkeit fokussieren, werden Sie empfänglicher für die feinen Energien und Botschaften, die ständig um Sie herum sind. Sie beginnen, die Sprache der geistigen Welt zu verstehen, eine Sprache, die nicht in Worten, sondern in Symbolen, Gefühlen und intuitiven Eingebungen gesprochen wird. Diese erhöhte Sensibilität ermöglicht es Ihnen, die Botschaften klarer zu empfangen und zu interpretieren. Sie werden in der Lage sein, die Bedeutung hinter den Zeichen und Synchronizitäten zu erkennen und sie in konkrete Aktionen und Entscheidungen umzusetzen. Dadurch wird die Kommunikation mit der geistigen Welt nicht nur intensiver, sondern auch effektiver und zielführender.

Nun, da die Bedeutung der bewussten Wahrnehmung für die Kommunikation mit der geistigen Welt klar ist, stellt sich die Frage: Wie kann diese Fähigkeit im Alltag trainiert und verfeinert werden? Die Antwort darauf findet sich in praktischen Übungen, die speziell darauf ausgerichtet sind, die Wahrnehmung zu schärfen und die Fähigkeit zur Deutung von Zeichen und Synchronizitäten zu verbessern. Diese Übungen sind so gestaltet, dass sie mühelos in den Alltag eingebunden werden können und keine speziellen Vorkenntnisse benötigen. Sie dienen als Brücke, um theoretisches Wissen in praktische Erfahrung umzuwandeln und eine bedeutungsvollere Verbindung zur geistigen Welt aufzubauen. Im Folgenden finden Sie einige dieser Übungen, die dazu beitragen können, Ihre eigenen Fähigkeiten in diesem Bereich zu entdecken und zu fördern.

## Übung: Das Zeichen-Tagebuch

### Ziel der Übung

Diese Übung zielt darauf ab, die Wahrnehmung für mögliche Zeichen und Synchronizitäten im Alltag zu schärfen und eine persönliche Beziehung zu diesen Phänomenen aufzubauen.

### Benötigte Materialien

- ein Notizbuch oder Tagebuch
- ein Stift
- ein ruhiger Ort für die tägliche Reflexion

**Anleitung**

- Nehmen Sie Ihr Notizbuch und beschriften Sie die erste Seite mit „Zeichen-Tagebuch". Wählen Sie einen Zeitpunkt am Tag, an dem Sie für etwa 10 Minuten ungestört sind. Dies wird Ihre tägliche Beobachtungszeit sein.
- Achten Sie während des Tages bewusst auf alles, was Ihnen als potenzielles Zeichen oder Synchronizität erscheint. Das können Zahlen, Tiere, Begegnungen oder auch Lieder sein.
- Setzen Sie sich während der täglichen Beobachtungszeit an einen ruhigen Ort und schreiben Sie alle potenziellen Zeichen oder Synchronizitäten des Tages in Ihr Zeichen-Tagebuch. Notieren Sie auch, wie diese Sie emotional berührt haben und welche Gedanken Ihnen dazu kommen.
- Lesen Sie Ihre Notizen durch und fragen Sie sich, ob und wie diese Zeichen in Beziehung zu aktuellen Fragen oder Herausforderungen in Ihrem Leben stehen könnten.
- Versuchen Sie, Ihre eigenen Interpretationen für die beobachteten Zeichen zu finden. Vertrauen Sie dabei auf Ihre innere Stimme. Nach einer Woche der täglichen Beobachtung schauen Sie zurück und suchen nach Mustern oder wiederkehrenden Zeichen. Gibt es Verbindungen, die Ihnen vorher nicht aufgefallen sind?
- Schreiben Sie Ihre Erkenntnisse und Gedanken am Ende jeder Woche auf eine neue Seite in Ihrem Zeichen-Tagebuch.
- Führen Sie diese Übung so lange durch, wie Sie möchten. Je länger Sie dies tun, desto mehr werden Sie über die Art und Weise lernen, wie die geistige Welt mit Ihnen kommuniziert.

## Übung: Der Synchronizitäts-Spaziergang

**Ziel der Übung**

Diese Übung soll Ihnen helfen, die Kunst der bewussten Wahrnehmung zu verfeinern und die Fähigkeit zu entwickeln, Synchronizitäten in Ihrer unmittelbaren Umgebung zu erkennen.

**Benötigte Materialien**

- bequeme Kleidung und Schuhe für einen Spaziergang
- ein kleines Notizbuch oder eine App zum Notieren
- ein Stift oder ein Smartphone

**Anleitung**

• Kleiden Sie sich bequem und nehmen Sie Ihr Notizbuch oder Smartphone mit.

• Bevor Sie losgehen, setzen Sie eine klare Intention für Ihren Spaziergang. Es könnte eine Frage sein, die Sie beschäftigt, oder ein Thema, das Sie erforschen möchten.

• Gehen Sie in einer Ihnen vertrauten oder auch neuen Umgebung spazieren. Es ist wichtig, dass Sie sich während des Spaziergangs nicht hetzen.

• Achten Sie während des Spaziergangs auf Ihre Umgebung. Was zieht Ihre Aufmerksamkeit an? Es könnte ein Vogel sein, der auf besondere Weise singt, oder eine unerwartete Begegnung mit einem Bekannten.

• Halten Sie an, wenn Ihnen etwas auffällt, und notieren Sie es in Ihrem Notizbuch oder Smartphone. Beschreiben Sie, was Sie erlebt haben und welche Gefühle oder Gedanken es in Ihnen ausgelöst hat.

• Versuchen Sie, eine innere Verbindung zwischen dem, was Sie erlebt haben, und Ihrer gesetzten Intention oder Fragestellung herzustellen. Gibt es eine Botschaft oder einen Hinweis, den Sie erkennen können?

• Nachdem Sie zurückgekehrt sind, nehmen Sie sich einige Minuten Zeit, um Ihre Notizen zu überprüfen. Gibt es wiederkehrende Themen oder spezielle Momente, die als Synchronizitäten interpretiert werden könnten?

• Schreiben Sie Ihre Erkenntnisse und Überlegungen nieder. Wie hat dieser Spaziergang Ihre Sichtweise oder Ihr Verständnis für die gesetzte Intention oder Fragestellung verändert?

• Schließen Sie die Übung ab, indem Sie sich einen Moment Zeit nehmen, um für die Erfahrungen und Erkenntnisse dankbar zu sein, die Sie während des Spaziergangs gewonnen haben.

## Bedeutung von Vorkenntnissen in der Intuitionsarbeit

Vorkenntnisse in der Intuitionsarbeit können als solide Grundlage für die Verfeinerung der Fähigkeiten zur Kommunikation mit der geistigen Welt dienen. Wenn Sie bereits Erfahrung im Umgang mit Ihrer Intuition haben, fällt es Ihnen leichter, die subtilen Hinweise und Botschaften zu erkennen, die von Schutzengeln oder geistigen Helfern gesendet werden. Es ist vergleichbar mit dem Erlernen einer neuen Sprache: Je mehr Vokabeln und Grammatikregeln Sie kennen, desto flüssiger wird die Kommunikation. In der Intuitionsarbeit geht es oft darum, die innere Stimme oder das „Bauchgefühl" zu schulen. Diese Fähigkeiten sind nicht nur nützlich, um alltägliche Entscheidungen zu treffen, sondern auch, um die feineren Nuancen der Kommunikation mit der geistigen Welt zu verstehen. Wenn Sie bereits ein gewisses Maß an Intuition entwickelt haben, können Sie dieses Wissen nutzen, um die Botschaften, die Sie erhalten, besser zu interpretieren. Dabei kann es sich um einfache Hinweise, komplexe Botschaften oder sogar um visionäre Erfahrungen handeln. Die Intuitionsarbeit dient also als eine Art „Vorübung", die Sie auf die komplexeren Aspekte der Kommunikation mit der geistigen Welt vorbereitet.

Sie schafft ein Fundament, auf dem Sie aufbauen können, um Ihre Fähigkeiten zur Wahrnehmung und Interpretation von Zeichen und Botschaften zu verfeinern. So wird es Ihnen möglich, die Sprache der geistigen Welt nicht nur zu verstehen, sondern auch aktiv darin zu kommunizieren. Sie lernen, die Botschaften zu „übersetzen", die Ihnen von Schutzengeln oder geistigen Helfern gesendet werden, und können diese Erkenntnisse nutzen, um Ihr Leben auf vielfältige Weise zu bereichern. Als Nächstes folgt ein Blick auf die verschiedenen Methoden und Techniken, die zur Kommunikation mit der geistigen Welt beitragen können. Hierbei geht es darum, die eigene „Sprache" für diese besondere Art der Kommunikation zu schärfen. Verschiedene Werkzeuge wie Pendel oder Tarotkarten können als Katalysatoren dienen und den Zugang zur geistigen Welt erleichtern.

## METHODEN ZUR KOMMUNIKATION MIT DER GEISTIGEN WELT

Die Kommunikation mit der geistigen Welt bietet eine breite Auswahl an Methoden und Ansätzen. Ob durch den Einsatz spiritueller Hilfsmittel wie Pendel und Tarotkarten oder durch meditative und intuitive Techniken – die Auswahl an Möglichkeiten ist enorm. Diese Vielfalt ist nicht nur beeindruckend, sondern auch unerlässlich, um die Vielschichtigkeit menschlicher Erfahrungen und die Unberechenbarkeit der geistigen Welt abzubilden.

Jeder Mensch ist einzigartig – in seinen Erfahrungen, seiner Persönlichkeit und seinen spirituellen Bedürfnissen. Daher gibt es keine „Einheitsgröße", die für alle passt, wenn es um die Kommunikation mit der geistigen Welt geht. Ein Ansatz, der für eine Person Wunder wirkt, mag für eine andere völlig ungeeignet sein. Deshalb ist es von großer Bedeutung, einen persönlichen Ansatz zu finden und zu verfeinern. Die Wahl der Methode kann von verschiedenen Faktoren beeinflusst werden, darunter die eigenen spirituellen Überzeugungen, kulturelle Hintergründe und sogar physische Bedingungen. Einige Menschen fühlen sich beispielsweise von der Mystik der Tarotkarten angezogen, während andere eine Verbindung durch die Stille der Meditation finden. Wieder andere entdecken ihre Fähigkeiten zur geistigen Kommunikation durch kreative Ausdrucksformen wie Malen oder Schreiben. Es geht darum, den persönlichen „Schlüssel" zur geistigen Welt zu finden, der am besten zur eigenen Lebenssituation und Persönlichkeit passt. Dieser individuelle Ansatz ermöglicht nicht nur eine authentischere Verbindung, sondern erhöht auch die Wahrscheinlichkeit, klare und nützliche Botschaften zu empfangen. Es ist eine Reise der Selbstentdeckung, die zur Entfaltung des eigenen spirituellen Potenzials führt.

## Techniken zur Verfeinerung der eigenen „Sprache"

Die Kommunikation mit der geistigen Welt ist geprägt von der Fähigkeit zur Selbstwahrnehmung und Sensibilität für subtile Energien. Verschiedene Techniken und Übungen können dazu beitragen, diese Fähigkeiten zu schärfen und die Qualität der Kommunikation zu verbessern. Atemübungen, energetische Reinigungsrituale und praktische Übungen zur Sensibilisierung der Wahrnehmung sind nur einige der Methoden, die dabei helfen können, die eigene „innere Sprache" zu verfeinern und so die Verbindung zur geistigen Welt zu intensivieren. Im Folgenden werden verschiedene Übungen präsentiert, die jeweils unterschiedliche Bereiche der Kommunikation mit der geistigen Welt fokussieren. Die erste Übung konzentriert sich auf Atemtechniken zur Förderung der Intuition, die zweite bietet ein energetisches Reinigungsritual und die dritte zielt darauf ab, die Wahrnehmung zu sensibilisieren. Jede dieser Übungen dient einem speziellen Ziel und ermöglicht es Ihnen, vielseitig an Ihrer spirituellen Kommunikationsfähigkeit zu arbeiten.

**Atemübung zur Förderung der Intuition**

- Suchen Sie sich einen ruhigen Ort, an dem Sie ungestört sind. Setzen oder legen Sie sich in eine bequeme Position.
- Schließen Sie die Augen und lassen Sie den Alltag hinter sich. Konzentrieren Sie sich ganz auf den gegenwärtigen Moment.
- Atmen Sie durch die Nase ein. Zählen Sie dabei bis vier und stellen Sie sich vor, wie frische Energie in Form von Licht in Ihren Körper strömt.
- Halten Sie den Atem für vier Sekunden an. Stellen Sie sich vor, wie die aufgenommene Energie in Ihrem Inneren zirkuliert und alle Blockaden löst.
- Atmen Sie langsam durch den Mund aus und zählen Sie dabei bis sechs. Während des Ausatmens lassen Sie alle negativen Gedanken und Energien los.
- Lassen Sie den Atem für zwei Sekunden ruhen, bevor Sie den Zyklus erneut beginnen.
- Wiederholen Sie diesen Atemzyklus mindestens fünfmal oder so lange, bis Sie eine spürbare Veränderung in Ihrer Wahrnehmung bemerken.
- Beenden Sie die Übung, indem Sie noch einmal ein- und ausatmen. Öffnen Sie dann langsam die Augen.
- Nehmen Sie sich einen Moment Zeit, um die Erfahrung zu reflektieren. Gab es intuitive Eingebungen oder Gefühle, die während der Übung aufgetaucht sind?

## Energetisches Reinigungsritual: Salzwasser-Bad

Dieses Ritual kann dabei helfen, energetische Blockaden zu lösen und die Intuition zu fördern. Es eignet sich besonders gut nach stressigen Tagen oder wenn Sie das Gefühl haben, energetisch „festzustecken".

**Benötigte Materialien**

- 1 bis 2 Tassen Meersalz oder Himalayasalz
- ein paar Tropfen ätherisches Öl Ihrer Wahl (z. B. Lavendel, Rosmarin)
- ein Bad oder eine große Schüssel für ein Fußbad
- Kerzen und/oder Räucherstäbchen für die Atmosphäre (optional)

**Anleitung**

• Sorgen Sie für eine ruhige und entspannte Atmosphäre im Badezimmer. Wenn gewünscht, zünden Sie Kerzen oder Räucherstäbchen an.

• Lassen Sie warmes Wasser in die Badewanne oder in eine große Schüssel für ein Fußbad ein. Das Wasser sollte angenehm warm, aber nicht zu heiß sein.

• Geben Sie 1 bis 2 Tassen Meersalz oder Himalayasalz ins Wasser. Rühren Sie das Salz mit der Hand um, bis es sich aufgelöst hat.

• Fügen Sie ein paar Tropfen ätherisches Öl ins Wasser. Lavendel eignet sich gut zur Entspannung, während Rosmarin belebend wirkt.

• Steigen Sie in die Badewanne oder setzen Sie Ihre Füße in die Schüssel. Schließen Sie die Augen und konzentrieren Sie sich auf Ihren Atem.

• Stellen Sie sich vor, wie alle negativen Energien, Stress und Anspannungen in das Salzwasser übergehen. Visualisieren Sie, wie das Wasser diese Energien neutralisiert.

- Verbringen Sie mindestens 15 bis 20 Minuten in diesem Zustand. Lassen Sie die heilende Wirkung des Salzwassers und der ätherischen Öle auf sich wirken.
- Steigen Sie aus dem Bad und lassen Sie das Wasser ab. Spülen Sie sich kurz mit klarem Wasser ab, um eventuelle Salzreste zu entfernen.
- Wickeln Sie sich in ein warmes Handtuch und ruhen Sie einige Minuten nach. Trinken Sie ein Glas Wasser, um den Flüssigkeitshaushalt wieder auszugleichen.

## Übung zur Sensibilisierung der Wahrnehmung: Der „Fokus-Walk"

Diese Übung hilft nicht nur, die Wahrnehmung zu schärfen, sondern auch dabei, die Verbindung zur geistigen Welt zu stärken. Sie können sie so oft durchführen, wie Sie möchten, um Ihre intuitive Wahrnehmung weiter zu verfeinern.

**Benötigte Materialien**

– ein ruhiger Ort im Freien, z. B. ein Park oder ein Wald
– bequeme Kleidung und Schuhe
– ein Notizbuch und ein Stift (optional)

**Anleitung:**

- Begeben Sie sich zu einem ruhigen Ort im Freien, an dem Sie ungestört sind. Stellen Sie sicher, dass Sie bequeme Kleidung und Schuhe tragen.
- Schließen Sie die Augen und nehmen Sie einige Atemzüge. Spüren Sie, wie Ihre Füße den Boden berühren und wie die frische Luft Ihre Lunge füllt. Öffnen Sie die Augen und setzen Sie eine Absicht für den Spaziergang. Es könnte so einfach sein wie: „Ich möchte meine Wahrnehmung schärfen und offen für Zeichen sein."

- Beginnen Sie, langsam zu gehen. Achten Sie darauf, jeden Schritt bewusst zu setzen. Spüren Sie, wie sich der Boden unter Ihren Füßen anfühlt.
- Lenken Sie Ihre Aufmerksamkeit auf Ihre Sinne. Was hören Sie? Was riechen Sie? Was sehen Sie? Versuchen Sie, alle Sinne gleichzeitig wahrzunehmen, ohne einen zu bevorzugen.
- Wenn Ihnen etwas Besonderes auffällt – sei es ein Vogel, eine Blume oder ein Geräusch –, halten Sie inne und nehmen Sie es für einen Moment in sich auf. Wenn Sie möchten, können Sie Ihre Gedanken oder Empfindungen in einem Notizbuch festhalten.
- Nachdem Sie etwa 10 bis 15 Minuten gegangen sind, finden Sie einen Platz zum Sitzen. Schließen Sie die Augen und spüren Sie nach, welche Eindrücke oder Botschaften Sie während des Spaziergangs erhalten haben.
- Beenden Sie die Übung, indem Sie sich für die Erfahrung und für alle Zeichen oder Botschaften, die Sie erhalten haben, bedanken.
- Wenn Sie zurück sind, nehmen Sie sich Zeit, die Erfahrung zu reflektieren. Was haben Sie wahrgenommen? Gab es Zeichen oder Synchronizitäten? Notieren Sie Ihre Gedanken und Empfindungen.

## Werkzeuge für die geistige Kommunikation

In diesem Kapitel liegt der Fokus auf verschiedenen Methoden, die bei der Kommunikation mit der geistigen Welt hilfreich sein können. Diese Werkzeuge können als Brücke zwischen der physischen und der spirituellen Ebene dienen und bieten unterschiedliche Ansätze zur Interpretation von Botschaften und Zeichen. Von Orakelkarten über Runen bis hin zu Heilsteinen – jedes dieser Instrumente hat seine eigenen Stärken und Anwendungsbereiche.

## Anwendung von Orakelkarten

Orakelkarten haben sich im Laufe der Zeit als wertvolle Instrumente für die Selbsterkenntnis und spirituelle Führung etabliert. Ihre Wurzeln reichen weit zurück und sind in verschiedenen Kulturen und spirituellen Traditionen zu finden. Ursprünglich wurden ähnliche Methoden der Divination, also der Weissagung oder Vorhersage durch Zeichen und Symbole, in antiken Zivilisationen wie Ägypten und Mesopotamien praktiziert. Im Laufe der Jahrhunderte haben sich diese Praktiken weiterentwickelt und sind in Form von Tarotkarten, Engelkarten und anderen Orakelkartensets in die moderne Welt übergegangen.

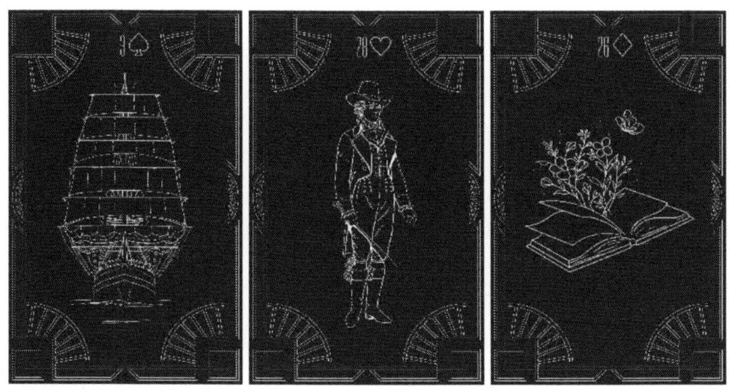

Ein typisches Orakelkartendeck besteht aus einer Sammlung von Karten, die jeweils mit speziellen Symbolen, künstlerischen Darstellungen und manchmal auch erläuternden Texten ausgestattet sind. Diese Karten dienen nicht nur als äußere Repräsentationen von archetypischen Konzepten, sondern auch als Spiegel für das individuelle Unterbewusstsein. Durch das Ziehen einer Karte oder mehrerer Karten können tief verwurzelte Gedanken, Emotionen und Überzeugungen an die Oberfläche gebracht werden. Dies ermöglicht eine introspektive Reise, die zur Entdeckung innerer Wahrheiten und Weisheiten führen kann. Die Auswahl des passenden Orakelkartendecks wird von verschiedenen Faktoren beeinflusst. Die Vielfalt der verfügbaren Decks ist beeindruckend. Sie reicht von traditionellen Tarotkarten, die auf mittelalterlichen Symbolen und Archetypen basieren, bis hin zu modernen Interpretationen, die spezielle Themen wie Natur, Tiere oder Engel behandeln. Jedes Deck hat seinen eigenen Charakter und spricht unterschiedliche Aspekte der menschlichen Erfahrung an. Einige Menschen fühlen sich von der Mystik traditioneller Tarotkarten angezogen, während andere die klaren und direkten Botschaften moderner Orakelkarten schätzen. Es ist nicht ungewöhnlich, beim ersten Kontakt mit einem bestimmten Deck eine sofortige emotionale oder energetische Verbindung zu spüren. Diese intuitive Reaktion kann ein deutliches Zeichen dafür sein, dass dieses spezielle Deck gut zu Ihnen passt.

Viele Menschen betrachten ihre Decks als lebendige Werkzeuge, die „aufgeladen" oder „gereinigt" werden können. Es gibt Rituale, bei denen die Karten im Mondschein gelassen oder mit bestimmten Kristallen zusammen aufbewahrt werden, um ihre energetische Qualität zu erhöhen.

**Anleitung für die Anwendung von Orakelkarten**

- Finden Sie einen ruhigen und ungestörten Ort, an dem Sie sich wohlfühlen. Einige Menschen schätzen es, eine Kerze anzuzünden oder beruhigende Musik im Hintergrund zu spielen, um eine spirituell aufgeladene Atmosphäre zu schaffen.
- Nehmen Sie das Orakelkartendeck Ihrer Wahl zur Hand. Wenn Sie mehrere Decks besitzen, wählen Sie dasjenige aus, zu dem Sie sich gerade am meisten hingezogen fühlen.
- Setzen oder legen Sie sich bequem hin und nehmen Sie einige Atemzüge. Versuchen Sie, alle Ablenkungen und Gedanken des Alltags loszulassen und sich ganz auf den gegenwärtigen Moment zu konzentrieren.

- Denken Sie an eine spezifische Frage oder ein Thema, das Sie erforschen möchten. Es kann hilfreich sein, die Frage oder Absicht laut auszusprechen oder sie auf ein Stück Papier zu schreiben.
- Halten Sie die Frage oder Absicht im Geist, während Sie die Karten gründlich mischen. Einige Menschen bevorzugen es, die Karten einfach in ihren Händen zu mischen, während andere spezielle Mischtechniken verwenden.
- Ziehen Sie mit geschlossenen oder offenen Augen eine oder mehrere Karten aus dem Deck. Legen Sie sie in der Reihenfolge, in der sie gezogen wurden, vor sich hin.
- Betrachten Sie die gezogenen Karten sorgfältig. Welche Bilder, Symbole oder Texte sind darauf zu sehen? Wie reagieren Sie emotional auf diese Elemente? Neben der offiziellen Bedeutung der Karten, die im Begleitbuch des Decks oft erläutert wird, achten Sie auch auf Ihre eigenen intuitiven Eindrücke.
- Es kann nützlich sein, Ihre Gedanken, Gefühle und Interpretationen in einem Journal festzuhalten. Dies ermöglicht es Ihnen, später darauf zurückzukommen und mögliche Muster oder wiederkehrende Themen in Ihren Lesungen zu erkennen.
- Beenden Sie die Sitzung, indem Sie sich innerlich oder laut für die erhaltenen Einsichten bedanken. Einige Menschen mögen es, die Karten wieder sorgfältig zu mischen, um sie für die nächste Sitzung „neu zu setzen".
- Nehmen Sie sich etwas Zeit, um über die Lesung nachzudenken. Wie passen die Botschaften der Karten zu Ihrer aktuellen Lebenssituation? Gibt es konkrete Schritte, die Sie als Reaktion auf die Lesung unternehmen möchten?

Diese Anleitung soll als Grundlage dienen und kann je nach Ihren persönlichen Vorlieben und Erfahrungen angepasst werden.

## Gebrauch von Runen

Runen sind nicht nur uralte Schriftzeichen, die ihren Ursprung in den germanischen Kulturen haben, sondern sie sind auch ein komplexes System von Symbolen, die mit Macht, Mystik und Bedeutung aufgeladen sind. Diese Zeichen sind fest in der Kultur und Spiritualität der germanischen Völker, einschließlich der Nordmänner, der alten Sachsen und der Merowinger, verankert, die sie einst erschaffen und in vielfältiger Weise genutzt haben. Neben ihrer Funktion als Schriftsystem dienten Runen auch als rituelle Instrumente. Sie wurden in Zeremonien verwendet, dienten der Weissagung und wurden als Talismane getragen, um Schutz oder andere magische Eigenschaften zu verleihen.

Die historischen Wurzeln der Runen sind weitreichend und eng verflochten mit der Mythologie und den Überlieferungen der germanischen Völker. Es wird allgemein angenommen, dass Runen in den nordischen Ländern, möglicherweise im 1. oder 2. Jahrhundert n. Chr., entstanden sind. Von dort aus breiteten sie sich in verschiedene Regionen Europas aus, angepasst an die jeweiligen kulturellen und spirituellen Bedürfnisse. Die älteste bekannte Runeninschrift, die bis heute erhalten ist, stammt aus dem 2. Jahrhundert und wurde in Dänemark entdeckt. Diese Inschriften finden sich auf einer Vielzahl von Materialien, darunter Stein, Holz und Metall. Sie wurden sogar auf persönliche Gegenstände wie Waffen und Schmuckstücke graviert, was ihre weitreichende Bedeutung und Anwendung in der Gesellschaft unterstreicht.

In der Welt der nordischen Mythologie werden die Entdeckung und das Wissen um die Runen dem Gott Odin zugeschrieben. Laut der Überlieferung hing Odin neun Tage und Nächte kopfüber an dem Weltenbaum Yggdrasil, ohne Nahrung oder Wasser, um die Geheimnisse der Runen zu ergründen. Diese Sage ist nicht nur eine fesselnde Erzählung, sondern sie hebt auch die immense spirituelle und mystische Bedeutung hervor, die den Runen in der Mythologie und in den Praktiken der damaligen Zeit beigemessen wurde.

**Exkurs: Der Weltenbaum Yggdrasil**

Der Weltenbaum Yggdrasil ist ein zentrales Element der nordischen Mythologie und symbolisiert das Universum sowie die Verbindung zwischen verschiedenen Welten und Ebenen der Existenz. Er wird oft als riesige, immergrüne Esche beschrieben, deren Wurzeln und Äste sich durch die neun Welten der nordischen Kosmologie erstrecken. Diese Welten beinhalten Asgard, die Heimat der Götter, Midgard, die Welt der Menschen, und andere, weniger bekannte Reiche wie Niflheim und Muspelheim, die jeweils Elemente von Eis und Feuer repräsentieren.

Yggdrasil ist nicht nur ein physischer Ort, sondern auch ein Symbol für den Zyklus des Lebens, des Todes und der Wiedergeburt. Er ist ein lebendiges Wesen, das von verschiedenen anderen Kreaturen bewohnt wird, darunter der Drache Nidhogg, der an den Wurzeln nagt, und der Adler, der in den oberen Ästen wohnt. Zwischen ihnen vermittelt Ratatoskr, das Eichhörnchen, das ständig den Baum hinauf- und hinunterklettert. Der Weltenbaum Yggdrasil bleibt weiterhin ein Symbol, das in vielen modernen spirituellen Praktiken und Interpretationen weiterlebt. Er repräsentiert die Komplexität der Existenz und die unendlichen Möglichkeiten, die sich in der Verbindung von Himmel, Erde und Unterwelt eröffnen.

Runen wurden in verschiedenen Kontexten angewendet:

**• Weissagung**

Runenorakel, auch Runenlesen genannt, ist eine der bekanntesten Anwendungen. Dabei werden Runensteine oder -hölzer in einem Beutel geschüttelt und dann zufällig gezogen. Die Bedeutung der gezogenen Runen wird interpretiert, oft in Bezug auf eine gestellte Frage oder ein bestimmtes Thema.

**• Magische Rituale**

Runen wurden in magischen Ritualen verwendet, um bestimmte Ergebnisse zu erzielen, wie Schutz, Heilung oder Erfolg in einer Unternehmung. Sie wurden auf Talismane, Amulette oder sogar direkt auf den Körper gezeichnet.

**• Meditation und spirituelle Praxis**

Die Symbolik der Runen macht sie zu einem hervorragenden Fokus für Meditation und spirituelle Übungen. Jede Rune hat eine Vielzahl von Bedeutungen und Assoziationen, die erforscht werden können.

**• Kommunikation und Inschriften**

Abgesehen von ihrer spirituellen Anwendung wurden Runen auch für praktische Zwecke wie das Verfassen von Nachrichten und das Markieren von Eigentum verwendet.

Die Anwendung von Runen setzt Kenntnisse der einzelnen Runensymbole voraus und erfordert zudem eine starke Intuition. Diese Praxis ist nicht nur historisch fundiert, sondern bietet auch Möglichkeiten für persönliche Interpretation und Anpassung. Daher überrascht es nicht, dass das Interesse an Runen in der modernen Welt neu entfacht wird, sei es als Teil der spirituellen Praxis oder als kulturelles Erbe.

**Anleitung zur Anwendung von Runen**

Diese Anleitung ist ein Ausgangspunkt und kann je nach persönlichen Vorlieben und Erfahrungen angepasst werden. Jede Interaktion mit Runen ist ein individueller Vorgang, der sich im Laufe der Zeit verfeinern wird.

- Suchen Sie einen ruhigen und ungestörten Ort für die Runen-Lesung. Einige Menschen bevorzugen es, Kerzen anzuzünden oder beruhigende Musik zu spielen, um eine spirituelle Atmosphäre zu schaffen.
- Wenn Sie mehrere Runensets besitzen, wählen Sie das Set aus, zu dem Sie sich am meisten hingezogen fühlen. Die Materialien der Runen können variieren, von Holz bis Stein, und jedes Material hat seine eigene Energie.
- Vor der ersten Anwendung und nach jeder Lesung ist es ratsam, die Runen zu reinigen. Dies kann durch das Halten der Runen unter fließendes Wasser, das Abbrennen von Salbei oder das Legen der Runen in eine Schale mit Salz erfolgen.
- Bevor Sie die Runen ziehen, sollten Sie eine klare Frage oder Absicht formulieren. Dies hilft, den Fokus der Lesung zu bestimmen.
- Legen Sie alle Runen in einen Beutel oder eine Schale und mischen Sie sie gut durch. Während des Mischens konzentrieren Sie sich auf Ihre Frage oder Absicht.
- Ziehen Sie eine oder mehrere Runen aus dem Beutel, je nachdem, welche Art von Lesung Sie durchführen möchten. Es gibt verschiedene Methoden, von einer einzigen Runen-Ziehung bis hin zu komplexeren Legesystemen.
- Legen Sie die gezogenen Runen vor sich hin und betrachten Sie sie sorgfältig. Jede Rune hat eine Vielzahl von Bedeutungen, die sowohl wörtlich als auch metaphorisch sein können. Ihre eigenen intuitiven Eindrücke sind dabei ebenso bedeutsam wie traditionelle Interpretationen.

- Es ist hilfreich, die Ergebnisse der Lesung zu notieren. Schreiben Sie Ihre Gedanken, Gefühle und Interpretationen auf, um später darauf zurückgreifen zu können.
- Nehmen Sie sich Zeit, um die Botschaften der Runen zu verarbeiten. Wie passen sie zu Ihrer aktuellen Situation? Gibt es Handlungsschritte, die sich daraus ableiten lassen?
- Bedanken Sie sich bei den Runen und bei Ihrer eigenen Intuition für die Führung. Bewahren Sie die Runen bis zur nächsten Anwendung an einem für Sie besonderen Ort auf.

## Einsatz von Heilsteinen

Heilsteine sind mineralische Kristalle oder Gesteine, die seit Jahrtausenden in verschiedenen Kulturen wie der ägyptischen, chinesischen und indischen sowie in indigenen Völkern Amerikas zur Förderung des Wohlbefindens eingesetzt werden. Sie werden nicht nur wegen ihrer ästhetischen Schönheit geschätzt, sondern auch für ihre vermeintlichen heilenden und energetischen Eigenschaften. Jeder Heilstein hat seine eigene einzigartige energetische Signatur, die sich in seiner Farbe, Form und Textur manifestiert. Diese Steine werden oft in der Nähe des Körpers getragen, in Räumen platziert oder in meditativen Praktiken verwendet, um bestimmte energetische oder heilende Effekte zu erzielen.

**Eine Beispielsituation:**

In einer stressigen Arbeitswoche fühlt sich Lena zunehmend erschöpft und ausgelaugt. Sie hat von den energetischen Eigenschaften von Heilsteinen gehört und beschließt, es auszuprobieren. Nach einiger Recherche entscheidet sie sich für einen Rosenquarz, der für seine beruhigenden und liebevollen Energien bekannt ist, und einen Amethyst, der Klarheit und spirituelle Weisheit fördern soll. Lena platziert den Rosenquarz auf ihrem Nachttisch, um eine beruhigende Atmosphäre in ihrem Schlafzimmer zu schaffen. Den Amethyst legt sie auf ihren Schreibtisch im Büro, um ihre Konzentration und geistige Klarheit während der Arbeit zu unterstützen.

Zusätzlich nimmt sie beide Steine in ihre morgendliche Meditationsroutine auf. Sie hält den Rosenquarz in der einen und den Amethyst in der anderen Hand, während sie fokussiert atmet und sich auf ihre innere Mitte konzentriert. Nach einer Woche bemerkt Lena eine spürbare Verbesserung: Sie fühlt sich weniger gestresst, schläft besser und ist konzentrierter bei der Arbeit. Obwohl sie weiß, dass Heilsteine keine Wundermittel sind, ist sie überzeugt, dass sie zur Verbesserung ihrer Lebensqualität beigetragen haben. So integriert Lena die Heilsteine in ihren Alltag und erlebt, wie sie ihre Gesundheit auf subtile, aber wirkungsvolle Weise fördert. Sie plant, weitere Heilsteine zu erforschen und ihre Sammlung zu erweitern, um verschiedene Aspekte ihres Lebens positiv zu beeinflussen.

Die Verwendung von Heilsteinen hat historische Wurzeln und ist in vielen verschiedenen Kulturen und Traditionen vertreten. In der Antike wurden sie von den Ägyptern, Römern und Griechen für verschiedene Zwecke verwendet, von der spirituellen Praxis bis hin zur körperlichen Heilung. Im alten Ägypten etwa wurden Türkise und Lapislazuli als Schutzamulette getragen, während die Griechen den Amethyst als Schutz gegen Trunkenheit verehrten. In der chinesischen Medizin und im Ayurveda werden Kristalle und Steine ebenfalls seit Jahrhunderten verwendet. Die moderne Wissenschaft hat zwar noch keine schlüssigen Beweise für die Wirksamkeit von Heilsteinen erbracht, doch die anekdotischen Berichte und persönlichen Erfahrungen vieler Menschen sprechen für sich. Einige behaupten, dass die Steine durch ihre Resonanz und Schwingungsfrequenz Einfluss auf die menschliche Energetik nehmen können. Andere sehen in ihnen ein Werkzeug zur Fokussierung und Konzentration der eigenen Gedanken und Intentionen. In der heutigen Zeit werden Heilsteine oft in Verbindung mit anderen Therapieformen wie Reiki oder Akupunktur und sogar in der modernen Medizin verwendet. Sie finden Anwendung in der Schmuckherstellung, in der Meditation und in energetischen Heilpraktiken. Es gibt spezialisierte Geschäfte und Online-Plattformen, die eine breite Auswahl an Heilsteinen für verschiedene Anwendungen anbieten. Die Auswahl des richtigen Heilsteins ist ein sehr persönlicher Prozess. Es wird oft empfohlen, sich von der eigenen Intuition leiten zu lassen. Einige Menschen fühlen sich zu Steinen einer bestimmten Farbe oder Form hingezogen, während andere nach Steinen suchen, die mit einem spezifischen Chakra oder einer bestimmten energetischen Qualität in Verbindung stehen. Es gibt auch zahlreiche Bücher und Ressourcen, die detaillierte Informationen über die verschiedenen Arten von Heilsteinen, ihre Bedeutungen und Anwendungen bieten. Heilsteine stellen eine faszinierende Verbindung von Erde und Mensch, Vergangenheit und Gegenwart, Wissenschaft und Spiritualität dar. Ihre Anwendung ist so vielfältig wie die Steine selbst und bietet zahlreiche Möglichkeiten zur persönlichen und spirituellen Entwicklung. Diese Anleitung ist, wie eingangs erwähnt, als Einstieg gedacht und kann je nach Ihren persönlichen Vorlieben und Bedürfnissen angepasst werden.

**Anleitung zur Verwendung von Heilsteinen**

Die Verwendung von Heilsteinen kann auf verschiedene Weisen erfolgen, je nachdem, welches Ziel Sie verfolgen. Hier ist eine einfache Schritt-für-Schritt-Anleitung, die Ihnen den Einstieg erleichtert:

- Hören Sie auf Ihre Intuition oder recherchieren Sie, welcher Stein für Ihr Anliegen am besten geeignet ist. Jeder Stein hat seine eigenen Eigenschaften und Anwendungsgebiete.
- Bevor Sie einen neuen Heilstein verwenden, ist es ratsam, ihn zu reinigen. Dies kann durch das Halten unter fließendes Wasser, durch das Legen in eine Schale mit Salzwasser oder durch Räuchern mit Salbei erfolgen.

- Nach der Reinigung sollte der Stein aufgeladen werden. Dies kann durch Sonnenlicht, Mondlicht oder durch das Auflegen auf eine Bergkristallgruppe geschehen.

- Halten Sie den Stein in Ihren Händen und setzen Sie eine klare Absicht oder stellen Sie eine Frage, die Sie beantwortet haben möchten. Dies hilft, die Energie des Steins auf Ihr spezielles Anliegen auszurichten. Je nach Bedarf können Sie den Stein bei sich tragen, auf einen bestimmten Körperbereich legen oder während der Meditation in der Hand halten. Einige Menschen legen Heilsteine auch in ihre Wohnräume, um die Atmosphäre zu verbessern.

- Wenn Sie den Stein während der Meditation verwenden, konzentrieren Sie sich auf Ihre Atmung und lassen Sie die Energie des Steins durch Ihren Körper fließen. Versuchen Sie, die spezifischen Eigenschaften des Steins in Ihre Meditation einzubeziehen.

- Es kann hilfreich sein, Ihre Erfahrungen und Beobachtungen in einem Tagebuch festzuhalten. Dies ermöglicht es Ihnen, Ihre Reaktionen und Erkenntnisse über die Zeit zu verfolgen.

- Vergessen Sie nicht, Ihren Stein regelmäßig zu reinigen und aufzuladen, um seine Wirksamkeit zu erhalten. Das Reinigen kann durch einfaches Abspülen mit fließendem Wasser oder durch das Legen des Steins in eine Schale mit Salzwasser erfolgen. Zum Aufladen eignen sich verschiedene Methoden: Manche Menschen legen ihre Steine in das natürliche Sonnen- oder Mondlicht, andere bevorzugen das Platzieren auf einem Bergkristall-Cluster. Diese Maßnahmen helfen, eventuell angesammelte negative Energien zu entfernen und den Stein energetisch zu revitalisieren.

- Beenden Sie die Anwendung immer mit einem Moment der Dankbarkeit. Bedanken Sie sich bei dem Stein und bei sich selbst für diese Zeit der Heilung und des Wachstums.

- Je nach Ihren Bedürfnissen können Sie den Stein auch in Kombination mit anderen Heilmethoden verwenden, wie zum Beispiel Reiki oder Akupunktur.

## Integration der Methoden in den Alltag

Die Integration spiritueller Methoden wie der Anwendung von Orakelkarten, Runen und Heilsteinen in den Alltag kann eine bereichernde Erfahrung sein. Sie bietet nicht nur die Möglichkeit, sich selbst besser kennenzulernen, sondern auch, ein umfassenderes Verständnis für die unsichtbaren Energien und Kräfte, die Ihr Leben beeinflussen, zu entwickeln. Hier sind einige Tipps, wie Sie diese Methoden kontinuierlich in Ihre tägliche Routine einbauen können:

- **Tägliche oder wöchentliche Rituale schaffen**

Legen Sie feste Zeiten für Ihre spirituellen Praktiken fest. Ob es nun zehn Minuten am Morgen sind, in denen Sie eine Karte ziehen, oder ein wöchentliches Ritual, bei dem Sie Runen werfen – die Regelmäßigkeit hilft, die Praktiken zu einer Gewohnheit werden zu lassen.

- **Einen spirituellen Raum einrichten**

Ein spezieller Ort in Ihrem Zuhause, der nur für spirituelle Aktivitäten reserviert ist, kann Wunder wirken. Dieser Raum kann mit Gegenständen gefüllt sein, die für Sie eine besondere Bedeutung haben, wie etwa Ihre Sammlung von Heilsteinen oder ein Altar mit verschiedenen spirituellen Werkzeugen.

- **Intuition schulen**

Je mehr Sie sich mit diesen Methoden beschäftigen, desto mehr werden Sie lernen, Ihrer Intuition zu vertrauen. Dies ist besonders wichtig, wenn es darum geht, Karten zu interpretieren oder die Bedeutung einer Rune zu verstehen. Ihre Intuition ist ein mächtiges Werkzeug, das Sie im Laufe der Zeit immer weiter schärfen können.

**• Mit anderen teilen**

Austausch mit Gleichgesinnten kann sehr bereichernd sein. Ob in Online-Foren, Workshops oder im Freundeskreis – die Erfahrungen und Perspektiven anderer können Ihnen neue Einsichten bringen und Ihre eigene Praxis bereichern.

**• Fortbildung**

Es gibt immer mehr zu lernen. Ob durch Bücher, Kurse oder durch das Studium alter Texte – die kontinuierliche Weiterbildung ermöglicht es Ihnen, Ihre Praxis zu verfeinern und vielleicht sogar neue Methoden zu entdecken, die Sie in Ihre Routine integrieren können.

**• Selbstbeobachtung und Reflexion**

Führen Sie ein spirituelles Tagebuch, in dem Sie Ihre Erfahrungen, Gedanken und Erkenntnisse festhalten. Dies ist nicht nur eine wertvolle Ressource für Ihre persönliche Entwicklung, sondern auch eine Möglichkeit, den Fortschritt Ihrer spirituellen Reise zu verfolgen.

**• Flexibilität bewahren**

Es ist gut, eine Routine zu haben, aber Flexibilität ist ebenso wichtig. Vielleicht entdecken Sie eine neue Methode, die Sie ausprobieren möchten, oder Sie fühlen, dass eine bestimmte Praxis nicht mehr zu Ihnen passt. Es ist in Ordnung, Veränderungen vorzunehmen und Ihren Ansatz anzupassen.

**• Achtsamkeit üben**

Jede dieser Methoden – ob Orakelkarten, Runen oder Heilsteine – erfordert ein gewisses Maß an Achtsamkeit. Die bewusste Ausführung dieser Praktiken kann nicht nur Ihre spirituelle Arbeit, sondern auch Ihren Alltag bereichern.

**• Dankbarkeit zeigen**

Vergessen Sie nicht, Dankbarkeit für die Erkenntnisse und die Führung, die Sie durch diese Praktiken erhalten, zu zeigen. Ein einfaches Dankesgebet oder eine andere Form der Anerkennung kann eine kraftvolle Ergänzung Ihrer Praxis sein.

## PRAKTISCHE ANWENDUNG: EMPFANGEN VON BOTSCHAFTEN UND INFORMATIONEN

Die praktische Umsetzung dessen, was in der spirituellen Arbeit erlernt wird, bildet die Grundlage für echte Transformation und Wachstum. Es ist eine Sache, theoretisches Wissen über spirituelle Werkzeuge und Techniken zu besitzen, aber eine ganz andere, dieses Wissen in die Tat umzusetzen. Nur durch aktive Anwendung lassen sich die Tiefe und die Breite der verfügbaren Einsichten erfassen. Daher ist die Umsetzung des Gelernten nicht nur ein Schritt, sondern ein entscheidender Faktor für den spirituellen Fortschritt.

Das Empfangen von Botschaften ist ein zentraler Bestandteil der spirituellen Praxis und kann in vielen Formen erfolgen. Es kann sich um intuitive Eingebungen handeln, um Träume, um Zeichen in der physischen Welt oder um direkte Kommunikation durch Meditation oder andere bewusstseinsverändernde Techniken. Das Empfangen dieser Botschaften ist oft subtil und erfordert eine gewisse Sensibilität und Offenheit. Es ist nicht ungewöhnlich, dass Menschen anfangs Schwierigkeiten haben, diese subtilen Botschaften zu erkennen und zu interpretieren. Doch mit der Zeit und der Praxis wird dieser Prozess immer fließender und natürlicher. Das Empfangen von Botschaften ist nicht nur für die eigene Person von Nutzen. Die Informationen und Einsichten, die empfangen werden, können auch anderen Menschen im eigenen Umfeld zugutekommen. So kann jemand als Kanal für Weisheit und

Führung für die Gemeinschaft dienen, sei es die Familie, die Freunde oder sogar größere soziale oder globale Gemeinschaften. Daher ist die Fähigkeit, Botschaften zu empfangen und richtig zu interpretieren, ein wertvolles Gut, das über die persönliche Entwicklung hinausreicht.

In der nächsten Phase wird der Fokus auf den vorbereitenden Maßnahmen für den Empfang von Botschaften liegen, gefolgt von der Interpretation von Symbolen und Zeichen. Es werden auch konkrete Beispiele für empfangene Botschaften und deren Anwendung im täglichen Leben betrachtet. So wird dieses Kapitel zu einer umfassenden Anleitung für alle, die ihre Fähigkeit zur Kommunikation mit der geistigen Welt verbessern möchten.

## Vorbereitende Maßnahmen für den Empfang von Botschaften

Die Vorbereitung auf den Empfang von Botschaften ist ein Schritt, der oft übersehen wird. Dabei geht es vor allem um die innere Einstellung. Ein ruhiger, abgeschiedener Raum ist ideal, um Störungen zu minimieren. Einige Menschen zünden Kerzen an oder verwenden Räucherstäbchen, um eine besondere Atmosphäre zu schaffen. Die innere Einstellung sollte von Offenheit, Neugier und einer gewissen Demut geprägt sein. Meditation oder Atemübungen können helfen, den Geist zu beruhigen und auf die bevorstehende Erfahrung einzustimmen.

Die Interpretation von Symbolen und Zeichen erfordert sowohl Intuition als auch Verstand. Jedes Symbol hat eine allgemeine Bedeutung, die durch kulturelle, historische und spirituelle Kontexte geformt ist. Doch diese Bedeutung kann je nach individueller Erfahrung variieren. Ein gutes Verständnis der allgemeinen Symbolik, gepaart mit der Fähigkeit, auf die eigene Intuition zu hören, ermöglicht eine nuanciertere Interpretation. Beispielsweise könnte das Symbol des Wassers allgemein für Emotionen oder das Unterbewusstsein stehen, aber für jemanden, der eine besondere Beziehung zum Meer hat, könnte es eine ganz andere, persönliche Bedeutung haben. Es gibt zahlreiche Beispiele für empfangene Botschaften, die von einfachen, klaren Anweisungen bis zu komplexen, mehrschichtigen Einsichten reichen können. Ein Beispiel könnte eine intuitive Eingebung sein, einen bestimmten Berufsweg einzuschlagen oder eine Beziehung zu beenden. Diese Eingebungen kommen oft unerwartet und können durch äußere Zeichen bestätigt werden, wie etwa durch wiederholte Zahlen oder bestimmte Tiere, die plötzlich häufiger erscheinen. Ein anderes Beispiel könnte ein Traum sein, der eine wichtige Botschaft enthält. Träume können oft symbolisch sein und erfordern daher eine sorgfältige Interpretation. Dabei können Traumlexika hilfreich sein, aber die persönliche Intuition sollte nicht außer Acht gelassen werden.

In jedem Fall ist es ratsam, die empfangenen Botschaften zu dokumentieren. Ein Tagebuch oder ein digitales Dokument kann dabei helfen, die Entwicklung der eigenen Fähigkeiten und die Relevanz der Botschaften im Laufe der Zeit zu verfolgen. Es bietet auch die Möglichkeit, zurückzublicken und zu sehen, wie sich bestimmte Botschaften als wahr oder hilfreich erwiesen haben. So wird das Empfangen und Interpretieren von Botschaften zu einer fortlaufenden Praxis, die immer verfeinert werden kann.

## Kommunikation mit Schutzengeln und geistigen Helfern

Die Kommunikation mit Schutzengeln und geistigen Helfern bietet vielen Menschen Trost, Führung und Klarheit. Diese geistigen Wesen sind oft bereit, Unterstützung zu leisten, doch es bedarf bestimmter Methoden, um ihre Anwesenheit bewusst wahrzunehmen und mit ihnen in Kontakt zu treten.

Anrufungsrituale und Gebete sind traditionelle Wege, um die Verbindung zu diesen geistigen Helfern herzustellen. Ein Anrufungsritual kann so einfach sein wie das Aussprechen einer bestimmten Affirmation oder eines Gebets. Einige Menschen verwenden auch spezielle Kerzen, Räucherwerk oder Heilsteine, um die Energie des Raumes zu erhöhen und eine heilige Atmosphäre zu schaffen. Das Wichtigste ist die Intention hinter der Anrufung. Ein klares, fokussiertes Verlangen nach Führung oder Unterstützung sendet eine starke Botschaft in die geistige Welt. Gebete können formell oder informell sein, aber sie sollten immer von Herzen kommen und eine persönliche Bedeutung haben. Sie können auch spezifische Anliegen oder Fragen enthalten, auf die Sie Antworten oder Führung suchen.

### Anleitung für ein Anrufungsritual

Diese Anleitung ist flexibel und kann je nach persönlichen Vorlieben und Bedürfnissen angepasst werden. Das Wichtigste ist, authentisch zu sein und der eigenen Intuition zu folgen.

- Wählen Sie einen ruhigen, ungestörten Ort, an dem das Ritual stattfinden soll. Einige Menschen mögen es, den Raum mit Räucherwerk zu reinigen oder eine spezielle Kerze anzuzünden, um eine heilige Atmosphäre zu schaffen.
- Setzen oder legen Sie sich bequem hin und schließen Sie die Augen. Atmen Sie ein und aus, um den Geist zu beruhigen und sich auf das Ritual einzustimmen.
- Visualisieren Sie ein Licht oder eine Energie, die Sie umgibt und schützt. Dies dient der Erdung und stellt sicher, dass nur positive Energien während des Rituals anwesend sind.
- Klären Sie, was genau Sie von diesem Ritual erwarten. Es kann hilfreich sein, die Intention laut auszusprechen oder sie in einem Satz zu formulieren.
- Beginnen Sie die eigentliche Anrufung, indem Sie die Namen der Schutzengel oder geistigen Helfer aussprechen, mit denen Sie in Kontakt treten möchten. Sprechen Sie ein Gebet oder eine Affirmation aus, die Ihre Intention klarmacht.
- Bleiben Sie einige Minuten in Stille und Offenheit. Achten Sie auf alle Gedanken, Gefühle oder Eindrücke, die in diesem Moment auftauchen. Dies können Botschaften oder Zeichen sein.
- Bedanken Sie sich bei den geistigen Helfern für ihre Anwesenheit und Unterstützung. Dies kann durch einfache Worte der Dankbarkeit oder durch ein abschließendes Gebet geschehen.
- Beenden Sie das Ritual, indem Sie die Energie wieder erden. Dies kann durch das Ausblasen der Kerze, das Schließen des Kreises oder einfach durch tiefes Atmen und das Bewusstsein der physischen Realität geschehen.
- Nehmen Sie sich Zeit, um das Erlebte zu reflektieren. Vielleicht möchten Sie Ihre Erfahrungen in einem Tagebuch festhalten oder mit jemandem teilen, dem Sie vertrauen.

Die Anwesenheit von Schutzengeln und geistigen Helfern kann durch verschiedene Zeichen und Symbole signalisiert werden. Ein häufiges Zeichen ist das Gefühl von Wärme oder Kribbeln, besonders um die Kopf- oder Herzregion. Einige Menschen berichten von unerklärlichen Düften, oft blumig oder süß, die plötzlich wahrgenommen werden. Andere Zeichen können spezifischer sein, wie zum Beispiel Federn, die aus dem Nichts erscheinen, oder das wiederholte Auftauchen bestimmter Zahlen oder Tiere. Diese Zeichen sind oft subtil und leicht zu übersehen, aber mit erhöhter Aufmerksamkeit und Sensibilität werden sie deutlicher.

Es gibt auch visuelle oder auditive Erfahrungen, die als Zeichen interpretiert werden können. Einige Menschen sehen Lichtblitze oder Farbfelder, während andere innere Stimmen oder Melodien hören. Diese Erfahrungen sind oft kurz und flüchtig, aber ihre Wirkung kann intensiv sein. Sie dienen als Bestätigung der Anwesenheit geistiger Helfer und können als Antworten oder Führung in Bezug auf spezifische Fragen oder Anliegen interpretiert werden.

Nachfolgend ein Überblick über mögliche Zeichen und Symbole:

| **Zeichen/ Symbole** | **Beschreibung** | **Mögliche Deutung** |
|---|---|---|
| Gefühl von Wärme | oft um die Kopf- oder Herzregion gespürt | Anwesenheit eines Schutzengels oder geistigen Helfers |
| Kribbeln | ähnlich wie Wärme, meistens in der Kopf- oder Herzregion wahrgenommen | energetische Aktivität, möglicherweise durch geistige Helfer |
| unerklärliche Düfte | plötzlich wahrgenommene, oft blumige oder süße Gerüche | Zeichen für die Anwesenheit von Engeln oder verstorbenen Angehörigen |

| | | |
|---|---|---|
| Federn | erscheinen unerwartet und können als Zeichen von geistigen Helfern interpretiert werden | ein Zeichen für Schutz und Führung von oben |
| wiederholte Zahlen | das wiederholte Auftauchen bestimmter Zahlen | numerologische Botschaften, die auf bestimmte Lebensereignisse oder Entscheidungen hinweisen können |
| Erscheinung von Tieren | bestimmte Tiere, die unerwartet auftauchen oder wiederholt gesehen werden | spirituelle Botschaften, die durch das Tier als Symbol vermittelt werden |
| Lichtblitze | kurze, unerklärliche Lichterscheinungen im Sichtfeld | könnten auf die Anwesenheit von Engeln oder geistigen Helfern hinweisen |
| Musik oder Töne | unerwartete Musik oder Töne, die ohne erkennbare Quelle wahrgenommen werden | könnten als Botschaften oder Bestätigungen von geistigen Helfern interpretiert werden |
| Synchronizität | bedeutungsvolle „Zufälle" oder Ereignisse, die scheinbar in Zusammenhang stehen | könnten auf eine höhere Führung oder Bestätigung einer Entscheidung hinweisen |
| Träume | besonders lebendige oder bedeutsame Träume | könnten Botschaften aus dem Unterbewusstsein oder von geistigen Helfern sein |

**Hinweis:**
Diese Tabelle soll als Orientierungshilfe dienen und ist nicht abschließend. Die Interpretation dieser Zeichen ist individuell und kann von der eigenen Intuition und den persönlichen Glaubenssystemen beeinflusst werden.

In der Kommunikation mit Schutzengeln und geistigen Helfern ist es von Vorteil, eine gewisse Skepsis zu bewahren und die eigenen Erfahrungen kritisch zu reflektieren. Gleichzeitig sollten Sie Ihrer eigenen Intuition vertrauen und Ihre persönlichen Gefühle und Eindrücke ernst nehmen. Es ist ein Balanceakt zwischen Glauben und kritischem Denken, der zu einer reicheren Verbindung mit der geistigen Welt führt.

## Integration der Botschaften in das tägliche Leben

Die Anwendung empfangener Botschaften kann sich in einer Vielzahl von Lebensbereichen als äußerst nützlich erweisen. Nehmen Sie als Beispiel eine Botschaft, die durch Orakelkarten erhalten wurde und berufliche Themen betrifft. Stellen Sie sich vor, die Karten zeigen Symbole oder Bilder, die einen positiven Wechsel oder eine bevorstehende Gelegenheit signalisieren. In einer beruflichen Situation, etwa bei der Überlegung, eine neue Stelle anzunehmen oder eine Beförderung anzustreben, kann diese Botschaft als wertvolle Ermutigung betrachtet werden. Sie könnte den nötigen Anstoß geben, um aus der Komfortzone herauszutreten und eine Entscheidung zu treffen, die langfristig zu mehr Erfüllung und beruflichem Wachstum führen kann. In solchen Momenten kann die Botschaft der Orakelkarten als zusätzliche Bestätigung dienen, die den Mut fördert, entschlossen und zuversichtlich voranzuschreiten. Ein weiteres, ebenso eindrucksvolles Beispiel ist die Anwendung einer durch Runen empfangenen Botschaft im Bereich der persönlichen oder spirituellen Weiterentwicklung. Angenommen, die Runen, die gezogen wurden, stehen für Transformation, Wachstum oder einen Neuanfang. Diese kraftvollen Symbole könnten als klare Signale interpretiert werden, die eigene Lebensführung zu überdenken. Vielleicht gibt es alte Gewohnheiten oder Denkmuster, die nicht mehr dienlich sind und die Raum für Neues schaffen könnten, wenn sie losgelassen werden. In diesem Kontext kann die Botschaft der Runen als eine Art spiritueller Weckruf dienen. Sie könnte die Inspiration bieten, die nötig ist, um einen neuen Kurs in der persönlichen Entwicklung einzuschlagen, sei es durch das Erlernen einer neuen Fähigkeit, die Vertiefung spiritueller Praktiken oder die Einführung gesünderer Lebensgewohnheiten. Die Runenbotschaft kann somit als Katalysator für Veränderungen dienen, die das Leben in vielerlei Hinsicht bereichern.

In zwischenmenschlichen Beziehungen können empfangene Botschaften ebenfalls eine wichtige Rolle spielen und als wertvolle Orientierungshilfe dienen. Stellen Sie sich vor, durch die Kommunikation mit Schutzengeln oder anderen geistigen Helfern wird eine Botschaft der Liebe und des Vertrauens übermittelt. Diese Botschaft könnte als deutlicher Hinweis interpretiert werden, dass es an der Zeit ist, sich intensiver mit der Qualität der eigenen Beziehungen auseinanderzusetzen. Vielleicht gibt es Bereiche, in denen das Vertrauen gestärkt werden könnte, oder vielleicht gibt es unausgesprochene Themen, die einer Klärung bedürfen. In diesem Fall könnte die Botschaft als Ansporn dienen, offene Gespräche zu führen, mehr Zeit miteinander zu verbringen oder gemeinsame Aktivitäten zu planen, die die Bindung stärken. So wird Vertrauen nicht nur als abstraktes Konzept verstanden, sondern als solide Basis für eine erfüllende und harmonische Partnerschaft aktiv etabliert.

Es gibt auch subtilere, weniger offensichtliche Wege, empfangene Botschaften im Alltag zu integrieren. Ein Beispiel hierfür könnte die wiederholte Begegnung mit einem bestimmten Tier sein, das als spirituelles Signal gedeutet werden könnte. Wenn ein solches Tier immer wieder auftaucht, sei es in Träumen, in der Natur oder sogar in der Kunst und Literatur, könnte dies als Zeichen für eine bestimmte Botschaft oder Lektion interpretiert werden. In einem solchen Fall wäre es sinnvoll, die symbolische Bedeutung dieses Tieres in verschiedenen spirituellen oder kulturellen Traditionen zu erforschen. Vielleicht steht das Tier für Mut, Freiheit oder andere Qualitäten, die in der aktuellen Lebensphase von Bedeutung sind. Diese Erkenntnisse könnten dann als Inspirationsquelle für alltägliche Entscheidungen oder als Motivation für persönliche Veränderungen dienen. So wird die Begegnung mit dem Tier zu einem lebendigen, praxisnahen Leitfaden, der hilft, das Leben bewusster und erfüllter zu gestalten.

## DAS WÄCHTERSYSTEM

Das Wächtersystem ist ein Konzept, das in der energetischen Heilung und in spirituellen Praktiken wie Reiki, schamanischen Traditionen und der chinesischen Medizin eine wichtige Rolle spielt. Es handelt sich um eine Art energetische Barriere oder Schutzmechanismus, der den energetischen Körper und das Bewusstsein eines Individuums bewacht. In vielen Traditionen, darunter auch die hinduistische Chakrenlehre und die Kabbala, wird angenommen, dass dieses System als eine Art Filter fungiert, der entscheidet, welche Energien oder Informationen Zugang zum energetischen und physischen Körper haben. Es dient somit als eine Art energetischer „Türsteher", der sicherstellt, dass nur förderliche und harmonische Energien eintreten können.

In der energetischen Heilung dient das Wächtersystem als erste Anlaufstelle für den Heiler oder Praktizierenden, um das Einverständnis des Patienten auf einer oft unbewussten Ebene zu erhalten. Ohne dieses Einverständnis ist es schwierig, wenn nicht gar unmöglich, effektive energetische Arbeit zu leisten. Das Wächtersystem stellt sicher, dass die Integrität des energetischen Feldes des Patienten gewahrt bleibt, und schützt vor unerwünschten oder schädlichen Energien. Ein interessanter Vergleichspunkt ist das Abfragen in der Kinesiologie. In der Kinesiologie wird oft ein Muskeltest verwendet, um den energetischen Zustand einer Person zu beurteilen oder um Antworten auf spezifische Fragen zu erhalten. Ähnlich wie das Wächtersystem dient der Muskeltest als eine Art Schnittstelle zwischen dem Bewusstsein und dem Unterbewusstsein. Beide Methoden haben das Ziel, Einsichten und Informationen zu erhalten, die dem bewussten Verstand nicht unbedingt zugänglich sind. Der Hauptunterschied besteht darin, dass die Kinesiologie eher auf physischen Reaktionen basiert, während das Wächtersystem in der Regel als rein energetische Komponente betrachtet wird.

Die Relevanz des Wächtersystems für energetische und spirituelle Behandlungen ist enorm. Es dient als eine Art energetische Grundlage für viele verschiedene Arten von Heilmethoden, von Reiki und Aurachirurgie bis hin zu schamanischen Praktiken, wie beispielsweise der „Seelenrückholung", bei der der Schamane in einen veränderten Bewusstseinszustand eintritt, um verlorene Seelenanteile des Patienten aus anderen Dimensionen zurückzuholen. Diese Technik zielt darauf ab, das energetische Gleichgewicht wiederherzustellen und die Selbstheilungskräfte zu aktivieren.

**Definition: Kinesiologie**

Kinesiologie ist eine ganzheitliche Methode, die die Bewegungslehre des menschlichen Körpers mit Erkenntnissen aus der Traditionellen Chinesischen Medizin verbindet. Sie zielt darauf ab, Ungleichgewichte im energetischen System des Körpers zu identifizieren und auszugleichen. Durch verschiedene Techniken, oft unter Einsatz von Muskeltests, werden Blockaden und Stressfaktoren erkannt. Die Kinesiologie wird sowohl in der Therapie als auch zur Leistungssteigerung und zur persönlichen Entwicklung eingesetzt. Sie bietet eine breite Palette an Anwendungen, von der physischen Rehabilitation bis hin zur emotionalen und energetischen Heilung.

In diesem Kontext spielt das Wächtersystem eine entscheidende Rolle, da es als Schutz- und Leitsystem für den Schamanen und den Patienten fungiert. Durch das Verständnis und die richtige Anwendung des Wächtersystems kann der Praktizierende sicherstellen, dass die Behandlung nicht nur effektiv, sondern auch ethisch und respektvoll ist. Es ermöglicht eine intensivere Verbindung zwischen dem Heiler und dem Patienten und fördert ein Umfeld der Sicherheit und des Vertrauens, das für jede erfolgreiche Heilbehandlung unerlässlich ist.

## So beginnt eine Behandlung – Einverständnis des Patienten

Vorbereitende Schritte vor der Behandlung umfassen in der Regel ein ausführliches Vorgespräch, in dem die Erwartungen, Bedenken und Fragen des Patienten geklärt werden. In diesem Stadium ist es auch wichtig, den Patienten über die geplante Behandlungsmethode zu informieren und sicherzustellen, dass er oder sie vollständig darüber aufgeklärt ist, was die Behandlung beinhaltet. Einige Praktizierende nutzen auch diagnostische Werkzeuge wie Pendel, Aura-Lesungen oder kinesiologische Tests, um den energetischen Zustand des Patienten zu beurteilen. Die Methoden zur Aktivierung oder Abfrage des Wächtersystems variieren je nach Tradition und Praktizierendem. In einigen Fällen kann dies durch einfache Meditation oder Gebete geschehen, in denen der Praktizierende um Erlaubnis bittet, in das energetische Feld des Patienten einzutreten. In anderen Fällen können komplexere Rituale oder Techniken erforderlich sein, die speziell darauf abzielen, das Wächtersystem zu aktivieren oder zu konsultieren. Einige Praktizierende verwenden auch kinesiologische Methoden, um das Einverständnis des Wächtersystems abzufragen, ähnlich wie sie es tun würden, um andere energetische Ungleichgewichte zu diagnostizieren. Ohne dieses Einverständnis des Patienten ist es unwahrscheinlich, dass die Behandlung die gewünschten Ergebnisse erzielt. Das Wächtersystem des Patienten wird in solchen Fällen wahrscheinlich als Barriere wirken, die den Fluss heilender Energien blockiert. Darüber hinaus ist das Einholen des Einverständnisses nicht nur aus ethischen, sondern auch aus praktischen Gründen von Bedeutung. Es schafft eine Atmosphäre des Vertrauens und der Sicherheit, die für die Wirksamkeit jeder energetischen oder spirituellen Behandlung entscheidend ist. Es stellt sicher, dass der Patient offen für die Erfahrungen und Einsichten ist, die während der Behandlung auftreten können, und erhöht damit die Wahrscheinlichkeit eines erfolgreichen Behandlungsergebnisses.

## Tipps für die Integration des Wächtersystems in die eigene Praxis

Die Integration des Wächtersystems in die eigene spirituelle oder energetische Praxis erfordert Respekt für dieses komplexe energetische Netzwerk. Hier sind einige praxisorientierte Tipps, die bei der effektiven Einbindung des Wächtersystems in die eigene Arbeit hilfreich sein können:

**• Einfühlsame Selbstreflexion**

Vor jeder energetischen Arbeit ist es sinnvoll, einen Moment der Stille einzulegen. Dies hilft dabei, sich selbst und das eigene energetische Feld besser wahrzunehmen und sich auf die bevorstehende Arbeit vorzubereiten.

**• Diagnostische Methoden**

Pendeln oder kinesiologische Tests können nützliche Werkzeuge sein, um den Zustand des eigenen Wächtersystems zu überprüfen. Diese Methoden können auch dazu dienen, das Einverständnis des eigenen Wächtersystems für bestimmte energetische Arbeiten einzuholen.

**• Rituale und Gebete**

Je nach persönlichem Glauben oder Tradition können spezielle Rituale oder Gebete hilfreich sein, um das Wächtersystem zu aktivieren oder zu konsultieren. Diese sollten in einer respektvollen und achtsamen Weise durchgeführt werden.

**• Dokumentation**

Das Führen eines spirituellen Journals kann wertvolle Einblicke für die zukünftige Arbeit bieten. Notieren Sie alle relevanten Informationen, wie die verwendeten Methoden und die eigenen Reaktionen darauf.

**• Feedback und Anpassung**

Nach jeder energetischen Arbeit ist es sinnvoll, die eigenen Erfahrungen zu reflektieren. Dies kann dazu beitragen, die Methoden und Techniken für zukünftige Sitzungen anzupassen.

**• Kontinuierliche Überprüfung**

Überprüfen Sie regelmäßig, ob die angewandten Methoden und Techniken noch effektiv sind. Energetische Felder können sich verändern und Anpassungen könnten notwendig werden.

# DIE AURACHIRURGISCHE SITZUNG

## Individualität in der aurachirurgischen Sitzung

Die Individualität eines jeden Patienten ist ein zentrales Element in der aurachirurgischen Praxis. Jeder Mensch ist einzigartig – nicht nur in Bezug auf seine physische Konstitution, sondern auch in Bezug auf seine energetische Struktur, seine Lebenserfahrungen und seine spirituellen Überzeugungen. Diese Einzigartigkeit beeinflusst nicht nur die Art und Weise, wie der Patient auf die Behandlung reagiert, sondern auch die spezifischen energetischen Blockaden oder Herausforderungen, die während der Sitzung adressiert werden müssen.

Ein Verständnis für die Individualität des Patienten beginnt oft mit einem ausführlichen Vorgespräch. In diesem Gespräch kann der Therapeut Fragen zu den physischen und emotionalen Zuständen des Patienten, zu seinen bisherigen Erfahrungen mit energetischer Heilung und zu seinen Erwartungen an die Sitzung stellen. Dies ist auch der Moment, in dem der Patient eventuelle Bedenken oder Fragen äußern kann. Ein solches Gespräch schafft nicht nur ein Gefühl der Sicherheit und des Vertrauens, sondern liefert dem Therapeuten auch wertvolle Informationen, die bei der Planung der aurachirurgischen Sitzung helfen können. Darüber hinaus können intuitive oder energetische Methoden zur weiteren Erforschung der Individualität des Patienten eingesetzt werden. Techniken wie das Scannen der Aura, Pendeln oder kinesiologische Tests können Aufschluss über energetische Ungleichgewichte, Blockaden oder Stärken geben. Diese Informationen sind oft entscheidend für die Auswahl der spezifischen aurachirurgischen Techniken, die während der Sitzung angewendet werden.

Die Berücksichtigung der Individualität des Patienten hat auch Auswirkungen auf die Wahl der Hilfsmittel und Techniken, die in der Sitzung verwendet werden. Einige Patienten reagieren beispielsweise besonders gut auf den Einsatz von Kristallen oder Heilsteinen, während andere stärker auf Klangtherapie oder Farbtherapie ansprechen. Die Individualität kann auch die Wahl der energetischen „Werkzeuge" beeinflussen, die in der aurachirurgischen Sitzung verwendet werden, sei es ein speziell geweihtes chirurgisches Instrument oder die Hand des Therapeuten selbst. Die Anerkennung sowie die Wertschätzung der Individualität des Patienten sind nicht nur Fragen der Ethik, sondern auch ein entscheidender Faktor für den Erfolg der aurachirurgischen Sitzung. Eine Behandlung, die auf die spezifischen Bedürfnisse und die energetische Struktur des Einzelnen abgestimmt ist, hat ein deutlich höheres Potenzial, effektive und nachhaltige Heilung zu bewirken. Daher sollte die Individualität in jeder Phase der aurachirurgischen Sitzung – von der ersten Begegnung bis zum Abschluss der Behandlung – eine zentrale Rolle spielen.

## Einverständnis des Patienten in der aurachirurgischen Sitzung

Das Einverständnis des Patienten stellt sicher, dass dieser vollständig über den Ablauf der Behandlung, die verwendeten Techniken und die potenziellen Risiken und Vorteile informiert ist. Dieses bewusste Einverständnis ist nicht nur aus ethischen Gründen wichtig, sondern beeinflusst auch maßgeblich den Erfolg der Behandlung. Bevor die aurachirurgische Sitzung beginnt, ist es üblich, eine schriftliche Einverständniserklärung einzuholen. In diesem Dokument werden die verschiedenen Aspekte der Behandlung detailliert beschrieben. Dazu gehören die spezifischen Techniken, die angewendet werden könnten, die Dauer der Sitzung und eventuelle Nebenwirkungen oder Risiken. Der Patient hat die Möglichkeit, Fragen zu stellen und Unklarheiten zu beseitigen. Erst nachdem alle Fragen geklärt sind und der Patient seine Zustimmung gegeben hat, kann die Sitzung beginnen.

Das Einverständnis geht jedoch über die formelle Einverständniserklärung hinaus. Es sollte während der gesamten Sitzung eine offene Kommunikation zwischen Therapeut und Patient gewährleistet sein. Wenn neue Techniken eingeführt oder Änderungen im Behandlungsplan vorgenommen werden, muss der Patient erneut informiert und um sein Einverständnis gebeten werden. Dies schafft eine Atmosphäre des Vertrauens und der Sicherheit, die für den Heilungsprozess von entscheidender Bedeutung ist. In der Welt der energetischen Heilung wird außerdem angenommen, dass die Zustimmung des Patienten eine Art energetische Öffnung schafft, die den Heilungsprozess erleichtert. Ohne dieses energetische Einverständnis könnte das Wächtersystem des Patienten, das energetische Barrieren errichtet, die Heilungsenergien blockieren oder den Therapeuten daran hindern, effektiv zu arbeiten. Das Einverständnis kann jederzeit widerrufen werden. Der Patient hat das Recht, die Behandlung zu jedem Zeitpunkt abzubrechen, wenn er sich unwohl fühlt oder Bedenken hat. Dies ist ein weiterer Grund, warum eine offene Kommunikation zwischen Therapeut und Patient so entscheidend ist. Das Einverständnis des Patienten ist ein grundlegender Pfeiler für den Erfolg jeder aurachirurgischen Sitzung und sollte mit der gebotenen Sorgfalt und Aufmerksamkeit behandelt werden.

## Verbindung mit dem Universum in der aurachirurgischen Sitzung

Die energetische Verknüpfung mit dem Universum fungiert als Leitweg für die universelle Lebenskraft, die die Heilung in der Aurachirurgie unterstützt. Die Erfahrung dieser Verbindung ist für Therapeuten und Patienten von großer Bedeutung. Bevor die aurachirurgische Sitzung beginnt, nimmt sich der Therapeut in der Regel einen Augenblick Zeit, um bewusst eine Verbindung zum Universum herzustellen. Verschiedene Methoden können hierbei zum Einsatz kommen, darunter meditative Praktiken, Gebete oder gezielte Atemtechniken. Das übergeordnete Ziel ist es, einen Zustand innerer Klarheit und Gelassenheit zu erreichen, der den Zugang zu den universellen Energien erleichtert.

Diese Verbindung zum Universum ist nicht nur auf einer spirituellen Ebene von Bedeutung, sondern hat auch energetische Implikationen. Durch das Herstellen dieser Verbindung öffnet sich ein energetischer Kanal, durch den heilende Energien in die Behandlung einfließen können. Diese Energien gelten als besonders rein und potent und können dazu beitragen, energetische Blockaden beim Patienten zu lösen und die Heilung zu fördern. Die Qualität der Verbindung zum Universum kann den Behandlungserfolg erheblich beeinflussen. Ein Therapeut, der in der Lage ist, eine klare und starke Verbindung herzustellen, wird effektiver arbeiten und spürbare Ergebnisse erzielen. Aus diesem Grund legen viele Therapeuten Wert auf ihre eigene spirituelle Entwicklung, um diese Verbindung zu verstärken.

Für den Patienten ist die Verbindung zum Universum ebenfalls von großer Bedeutung. Obwohl der Therapeut die Verbindung initiiert, kann der Patient die einfließenden universellen Energien während der Sitzung oft wahrnehmen. Diese Wahrnehmung kann sich in unterschiedlichen Formen äußern, etwa als Wärmegefühl, Kribbeln oder sogar visuelle Eindrücke. Einige Patienten erleben während der Behandlung eine profunde innere Ruhe oder ein Gefühl der Einheit und Verbundenheit. In der aurachirurgischen Praxis wird die Verbindung mit dem Universum als integraler Bestandteil des gesamten Heilungsverlaufs betrachtet. Sie fungiert als verbindendes Element zwischen Therapeut, Patient und den heilenden Energien, die das Universum zur Verfügung stellt. Diese Verbindung verleiht der Behandlung nicht nur eine höhere Effizienz, sondern auch eine spirituelle Dimension.

## Kinesiologie

Die Kinesiologie stellt in der aurachirurgischen Praxis eine weitere bedeutsame Methode dar, die sowohl diagnostische als auch therapeutische Zwecke erfüllt. Ursprünglich aus der Chiropraktik und der Traditionellen Chinesischen Medizin hervorgegangen, hat sich die Kinesiologie als eine interdisziplinäre Technik etabliert, die den Fluss der Lebensenergie im Körper untersucht und optimiert. In der aurachirurgischen Sitzung dient die Kinesiologie vor allem der Identifikation energetischer Blockaden oder Ungleichgewichte. Durch spezielle Muskeltests, die auf die Prinzipien der Biofeedback-Mechanismen zurückgehen, kann der Therapeut feststellen, in welchen Bereichen des energetischen Systems des Patienten Handlungsbedarf besteht. Diese Tests sind nicht invasiv und erfordern lediglich eine leichte Berührung oder einen sanften Druck auf bestimmte Muskelgruppen.

**Beispiel:**
Ein praxisnahes Beispiel wäre der „Delta-Test". Bei diesem Test hält der Patient den Arm horizontal, während der Therapeut einen leichten Druck ausübt. Wenn der Arm bei Druck stabil bleibt, deutet das auf ein energetisches Gleichgewicht hin. Sollte der Arm jedoch nachgeben, könnte das ein Hinweis auf eine energetische Blockade im zugeordneten Bereich sein. Diese Information hilft dem Therapeuten, gezielt aurachirurgische Techniken anzuwenden, um das energetische Gleichgewicht wiederherzustellen.

Ein weiterer Vorteil der Kinesiologie ist ihre Vielseitigkeit. Sie kann als eigenständige Behandlungsmethode angewendet werden, lässt sich jedoch auch hervorragend mit anderen energetischen und spirituellen Techniken kombinieren. In der aurachirurgischen Praxis wird sie oft in Kombination mit der Aktivierung oder Abfrage des Wächtersystems verwendet, um sicherzustellen, dass die Behandlung im Einklang mit den energetischen Bedürfnissen des Patienten steht.

Die Kinesiologie bietet auch Möglichkeiten zur Selbstreflexion und Bewusstwerdung. Durch die Interaktion mit dem Therapeuten und die bewusste Wahrnehmung der eigenen körperlichen und energetischen Zustände kann der Patient umfassende Einsichten in seine gesundheitlichen und emotionalen Verfassungen gewinnen. Dies fördert nicht nur die Heilung, sondern stärkt auch das allgemeine Wohlbefinden und die Selbstwahrnehmung. Die Anwendung der Kinesiologie in der aurachirurgischen Praxis stellt also eine umfassende Technik dar, die sowohl diagnostische als auch therapeutische Aspekte abdeckt und den Heilungsprozess auf einer ganzheitlichen Ebene unterstützt. Sie ermöglicht eine präzise Diagnose und individuell abgestimmte Behandlungsansätze, die den Patienten in seinem Bestreben nach ganzheitlicher Gesundheit nachhaltig unterstützen.

## Auradiagnostik

Die Auradiagnostik stellt in der aurachirurgischen Praxis eine essenzielle Methode zur Beurteilung des energetischen Zustands eines Patienten dar. Sie ermöglicht dem Therapeuten, die Aura – das energetische Feld, das den physischen Körper umgibt – zu analysieren und mögliche Störungen oder Blockaden zu identifizieren. Diese Diagnostikform geht über das rein Körperliche hinaus und bietet Einblicke in die energetischen, emotionalen und sogar spirituellen Aspekte einer Person.

In der Regel beginnt die Auradiagnostik mit einer visuellen oder intuitiven Untersuchung der Aura. Einige Therapeuten nutzen dafür spezielle Techniken oder Hilfsmittel wie Pendel, Aurafotografie oder bioenergetische Sensoren. Andere verlassen sich auf ihre geschulte Intuition und ihre Fähigkeit, energetische Schwingungen wahrzunehmen. Unabhängig von der Methode zielt die Auradiagnostik darauf ab, Unregelmäßigkeiten in den verschiedenen Schichten der Aura zu erkennen. Jede Schicht kann unterschiedliche Informationen über den emotionalen, mentalen oder spirituellen Zustand des Patienten liefern.

Die Auradiagnostik dient auch als Wegweiser für die anschließende aurachirurgische Behandlung. Die ermittelten energetischen Zustände können dem Therapeuten helfen, die am besten geeigneten Behandlungsmethoden auszuwählen. Ob es nun um die Auflösung von Blockaden, die Rekalibrierung der Chakren oder die Entfernung negativer Energien geht – die Auradiagnostik liefert die notwendigen Informationen für eine zielgerichtete und effektive Therapie.

Ein weiterer Vorteil ist ihre Fähigkeit, den Behandlungsverlauf zu überwachen. Durch wiederholte Untersuchungen kann der Therapeut den Fortschritt des Patienten beurteilen und die Behandlungsmethoden entsprechend anpassen. Dies ist besonders nützlich bei komplexen oder chronischen energetischen Problemen, bei denen eine langfristige Betreuung erforderlich sein könnte.

# Techniken der Aurachirurgie

In der Welt der Aurachirurgie existieren vielfältige Techniken, die darauf abzielen, das energetische Gleichgewicht des Körpers wiederherzustellen und somit die Gesundheit zu fördern. Diese Techniken reichen von der Harmonisierung der Chakren, den Energiezentren des Körpers, über die energetische Reinigung bis hin zur Energieübertragung durch den Therapeuten. Jede dieser Methoden hat ihre eigenen Besonderheiten und Anwendungsgebiete, aber alle teilen das gemeinsame Ziel, die energetischen Blockaden zu lösen und den freien Fluss der Lebensenergie zu ermöglichen. In diesem Kapitel werden die verschiedenen Techniken der Aurachirurgie im Detail vorgestellt, um ein umfassendes Verständnis ihrer Funktionsweise und ihrer potenziellen Vorteile zu ermöglichen. Dabei wird auch auf die Aura-Heilung eingegangen, eine spezielle Technik, die sich direkt auf das energetische Feld konzentriert, das den physischen Körper umgibt.

## CHAKRA-AUSGLEICH

Chakren sind Energiezentren, die entlang der Wirbelsäule verteilt sind und als Drehscheiben für den Energiefluss im Körper fungieren. Sie sind integraler Bestandteil des feinstofflichen Körpers und stehen in direkter Verbindung mit dem physischen und emotionalen Wohl. Jedes Chakra hat seine eigene Frequenz und ist mit bestimmten Aspekten des menschlichen Daseins verknüpft, sei es körperlich, emotional oder spirituell. Ein ausgewogenes Chakra-System ist daher für das allgemeine Wohlbefinden und die spirituelle Entwicklung unerlässlich.

## Zielsetzung des Chakra-Ausgleichs in der Aurachirurgie

In der Aurachirurgie nimmt der Chakra-Ausgleich eine wichtige Rolle ein, wenn es darum geht, energetische Disharmonien zu erkennen und zu korrigieren. Diese spezielle Technik hat das Ziel, mögliche Blockaden oder Unregelmäßigkeiten im Energiefluss der einzelnen Chakren zu identifizieren. Nachdem diese Blockaden lokalisiert sind, kommen gezielte Methoden zum Einsatz, um die Chakren wieder in ein harmonisches Gleichgewicht zu versetzen. Dies führt zur Harmonisierung des gesamten energetischen Systems, was zahlreiche positive Effekte nach sich zieht. Die Vorteile einer solchen Harmonisierung sind umfangreich und gehen weit über die rein physische Gesundheit hinaus. Emotional gesehen kann ein harmonisiertes Chakra-System dazu beitragen, Stress zu reduzieren und die allgemeine Lebensqualität zu erhöhen. Auf der spirituellen Ebene fördert ein ausgewogenes Chakra-System eine intensivere Verbindung zu sich selbst und zum Universum, was wiederum die persönliche Entwicklung vorantreibt. Ein zusätzlicher, bedeutsamer Nutzen des Chakra-Ausgleichs ist die Aktivierung der körpereigenen Selbstheilungskräfte. Durch die Verbesserung des Energieflusses werden natürliche Heilungsmechanismen effizienter, was die Effektivität der aurachirurgischen Behandlung signifikant erhöht.

In der aurachirurgischen Praxis wird dem Chakra-Ausgleich deshalb eine hohe Bedeutung zugemessen. Diese Technik ist ein unverzichtbares Instrument, um nicht nur die äußeren Symptome, sondern auch die zugrundeliegenden energetischen Disharmonien zu adressieren. Dadurch wird eine ganzheitliche Heilung ermöglicht, die den Patienten auf unterschiedlichen Ebenen positiv beeinflusst.

## Die energetische Resonanzmethode

In der Aurachirurgie wird für den Chakra-Ausgleich eine spezifische Technik angewendet, die als energetische Resonanzmethode bezeichnet wird. Bei dieser Methode wird ein spezielles Instrument, oft ein Pendel oder ein spezieller Kristall, verwendet, um die Energie jedes einzelnen Chakras zu messen. Der Therapeut hält das Instrument über das jeweilige Chakra und beobachtet die Bewegungen oder Schwingungen, um den aktuellen energetischen Zustand zu ermitteln.

Die energetische Resonanzmethode beruht auf der Annahme, dass jedes Chakra eine eigene Frequenz oder Schwingung hat. Wenn ein Chakra blockiert oder unausgeglichen ist, wird dies durch eine Veränderung der natürlichen Schwingungsfrequenz angezeigt. Das Pendel oder der Kristall dient als eine Art energetischer Detektor, der diese Veränderungen sichtbar macht.

Nachdem der energetische Zustand jedes Chakras ermittelt wurde, verwendet der Therapeut eine Kombination aus Handauflegen und speziellen Atemtechniken, um die Energie wieder ins Gleichgewicht zu bringen. Dabei wird die Hand über das betroffene Chakra gehalten, während der Therapeut sich auf die Übertragung heilender Energie in dieses Zentrum konzentriert. Gleichzeitig werden Atemtechniken angewendet, die darauf abzielen, die Energie im Körper zu zirkulieren und das betroffene Chakra zu aktivieren.

Diese Methode ist besonders effektiv, da sie eine direkte Interaktion mit dem energetischen System ermöglicht. Sie erlaubt eine präzise Diagnose und Behandlung, die auf die spezifischen Bedürfnisse des Patienten zugeschnitten sind. Durch die Kombination aus energetischer Diagnose und gezielten Behandlungsmethoden bietet diese Technik eine umfassende Lösung für energetische Unausgewogenheiten und Blockaden.

## Schritt-für-Schritt-Anleitung zur Umsetzung der energetischen Resonanzmethode

Diese Anleitung bietet einen strukturierten Ablauf, der es dem Therapeuten ermöglicht, die Chakren systematisch zu analysieren und zu behandeln. Sie dient als Leitfaden für eine effektive und ganzheitliche energetische Behandlung.

### 1. Vorbereitung des Raumes und des Patienten

Der Therapeut sorgt für eine ruhige Atmosphäre, indem er etwaige Störquellen wie Handys ausschaltet und vielleicht sogar beruhigende Musik spielt. Der Patient wird gebeten, eine bequeme Position einzunehmen, entweder im Liegen auf einer Behandlungsliege oder im Sitzen auf einem Stuhl.

### 2. Auswahl des Instruments

Der Therapeut wählt ein Instrument, das als energetischer Detektor dient. Dies könnte ein Pendel sein, das aus einem speziellen Material wie Quarzkristall besteht, oder ein speziell geformter Kristallstab.

### 3. Zentrierung und Erdung

Der Therapeut nimmt sich einen Moment Zeit, um durch tiefe Atemzüge oder eine kurze Meditation in einen Zustand der inneren Ruhe zu gelangen. Dies stellt sicher, dass die Energie während der Behandlung klar und fokussiert ist.

### 4. Messung der Chakra-Energien

Mit dem ausgewählten Instrument in der Hand hält der Therapeut diese über das erste Chakra des Patienten, meist beginnend mit dem Wurzelchakra am unteren Ende der Wirbelsäule. Er beobachtet die Bewegungen oder Schwingungen des Instruments sorgfältig und wiederholt dies für alle sieben Hauptchakren.

**5. Analyse der Messergebnisse**

Die Bewegungen oder Schwingungen des Instruments werden interpretiert, um den Zustand jedes Chakras zu ermitteln. Der Therapeut macht sich Notizen über eventuelle Blockaden oder energetische Unausgewogenheiten, die er feststellt.

**6. Energetische Anpassung**

Mit sanften Handbewegungen und speziellen Atemtechniken versucht der Therapeut, die Energie der betroffenen Chakren auszugleichen. Dabei hält er die Hand einige Zentimeter über das jeweilige Chakra und konzentriert sich intensiv auf die Übertragung heilender Energie.

**7. Überprüfung und Anpassung**

Nach der energetischen Anpassung führt der Therapeut eine erneute Messung der Chakra-Energien durch. Sollten noch Unausgewogenheiten bestehen, werden weitere energetische Anpassungen vorgenommen.

**8. Abschluss und Nachbesprechung**

Nach der Behandlung setzt sich der Therapeut mit dem Patienten zusammen, um die Ergebnisse und Beobachtungen zu besprechen. Dabei werden auch eventuelle weitere Schritte oder Behandlungen erörtert.

## Auswirkungen und Nutzen des Chakra-Ausgleichs

Der Chakra-Ausgleich in der Aurachirurgie bietet eine Vielzahl von Vorteilen, die sowohl den energetischen als auch den physischen Zustand des Patienten positiv beeinflussen können. Durch die Harmonisierung der Chakren wird ein Gleichgewicht im energetischen System des Körpers angestrebt, das sich auf verschiedene Weisen manifestieren kann. Energetisch gesehen bietet der Chakra-Ausgleich eine effektive Möglichkeit, das innere Gleichgewicht wiederherzustellen. Wenn die Chakren blockiert oder gestört sind, kann dies zu einer Vielzahl von körperlichen und seelischen Unannehmlichkeiten führen. Die spezialisierten Techniken des Chakra-Ausgleichs zielen darauf ab, diese Blockaden zu erkennen und zu lösen, wodurch die Lebensenergie, auch als Prana oder Chi bekannt, frei fließen kann.

Ein direktes Ergebnis dieser energetischen Harmonisierung ist oft ein gesteigertes Gefühl von Lebensfreude. Menschen, die eine solche Behandlung erfahren haben, berichten oft von einer Zunahme an Energie, die sie im Alltag begleitet. Diese Energie zeigt sich nicht nur in körperlicher Lebendigkeit, sondern auch in mentaler Klarheit. Die Fähigkeit zur Konzentration kann sich in vielen Lebensbereichen als vorteilhaft erweisen, sei es im beruflichen Umfeld, im Studium oder bei persönlichen Vorhaben.

Zusätzlich kann die erhöhte Lebensenergie dazu beitragen, dass sich Personen weniger erschöpft oder müde fühlen. Dies ist besonders nützlich für Menschen, die mit chronischer Müdigkeit oder anderen Zuständen zu kämpfen haben, die die Energie beeinträchtigen. Die gesteigerte Lebenskraft kann auch die Motivation für verschiedene Aktivitäten erhöhen, was zu einem aktiveren und erfüllteren Leben führt. Auf körperlicher Ebene bringt der Chakra-Ausgleich ebenfalls zahlreiche Vorteile mit sich. Die Energetisierung der Chakren kann zur Schmerzlinderung beitragen, insbesondere wenn die Schmerzen durch energetische Störungen hervorgerufen werden. Dies ist bei einer Reihe von Beschwerden möglich, von Rückenproblemen bis hin zu Migräne. Die Optimierung der Organfunktionen stellt einen weiteren Pluspunkt dar. Da jedes Chakra mit spezifischen Organen und Körpersystemen korrespondiert, kann die Ausbalancierung dieser Energiezentren die Leistung der jeweiligen Organe verbessern. Dies kann sich positiv auf die Verdauung, die Atmung und sogar das Herz-Kreislauf-System auswirken.

## Langfristige Vorteile und mögliche Kontraindikationen des Chakra-Ausgleichs

Die langfristigen Vorteile eines ausgewogenen Chakra-Systems reichen von einer verbesserten emotionalen Resilienz und Stressresistenz bis hin zu einer intensiveren spirituellen Praxis und einem gesteigerten Bewusstsein für die eigenen Bedürfnisse und Grenzen. Ein harmonisiertes Chakra-System kann die Selbstheilungskräfte des Körpers aktivieren und somit den Heilungsprozess in der Aurachirurgie effektiv unterstützen.

Es gibt jedoch auch einige Kontraindikationen, die beachtet werden sollten. Personen mit schweren psychischen Erkrankungen oder akuten gesundheitlichen Problemen sollten vor einer aurachirurgischen Behandlung unbedingt ärztlichen Rat einholen. Auch wenn der Chakra-Ausgleich als relativ sicher gilt, ist es ratsam, bei bestimmten gesundheitlichen Zuständen Vorsicht walten zu lassen und die Behandlung nur in Absprache mit einem qualifizierten Mediziner durchzuführen. Somit stellt der Chakra-Ausgleich ein wesentliches Instrument in der aurachirurgischen Praxis dar, um eine ganzheitliche Heilung zu ermöglichen. Durch die gezielte Harmonisierung der Energiezentren kann ein breites Spektrum an positiven Veränderungen erzielt werden, die weit über die rein physische Ebene hinausgehen.

# ENERGETISCHE REINIGUNG

Die energetische Reinigung ist eine Methode, die darauf abzielt, negative Energien aus dem Körper zu entfernen. Diese Technik ist darauf ausgerichtet, die Gesundheit zu fördern, indem energetische Blockaden und Störungen beseitigt werden. Ähnlich wie die Chakren sind auch andere Bereiche des energetischen Systems anfällig für Disharmonien, die sich negativ auf die physische und emotionale Gesundheit auswirken können.

## Zielsetzung der energetischen Reinigung in der Aurachirurgie

In der Aurachirurgie ist die energetische Reinigung ein essenzielles Verfahren, um energetische Unreinheiten und Blockaden zu identifizieren und zu entfernen. Diese Methode hat das Ziel, den Energiefluss im gesamten Körper zu optimieren. Die Reinigung wirkt sich nicht nur positiv auf die physische Gesundheit aus, sondern fördert auch die emotionale Balance und die spirituelle Entwicklung.

## Vorteile der energetischen Reinigung

Die Vorteile der energetischen Reinigung sind vielfältig und reichen von einer verbesserten physischen Gesundheit bis hin zu einer gesteigerten emotionalen Ausgeglichenheit. Durch die Entfernung negativer Energien kann ein Zustand der inneren Ruhe und Klarheit erreicht werden, der sich positiv auf die Lebensqualität auswirkt. Auf der spirituellen Ebene kann die energetische Reinigung dazu beitragen, eine umfassendere Verbindung zum eigenen Selbst und zur universellen Energie herzustellen.

Ein weiterer Nutzen der energetischen Reinigung ist die Aktivierung der Selbstheilungskräfte des Körpers. Durch die Optimierung des Energieflusses werden die natürlichen Heilverläufe unterstützt, was die Effektivität der aurachirurgischen Behandlung erhöht.

## Die Methode der energetischen Reinigung

In der Praxis der Aurachirurgie kommt die energetische Reinigung als eine hochspezialisierte Technik zur Anwendung. Dabei werden besondere Instrumente wie fein geschliffene Kristalle oder sorgfältig ausgewählte Pendel eingesetzt. Diese Instrumente sind nicht nur einfache Werkzeuge, sondern dienen als sensible Detektoren für energetische Unreinheiten und Blockaden. Der Therapeut führt das ausgewählte Instrument behutsam über den Körper des Patienten, wobei er oder sie auf feinste Schwingungen und Bewegungen achtet. Diese subtilen Zeichen geben Aufschluss darüber, wo sich negative Energien oder Blockaden befinden könnten, die das Wohlgefühl und die Gesundheit des Patienten beeinträchtigen.

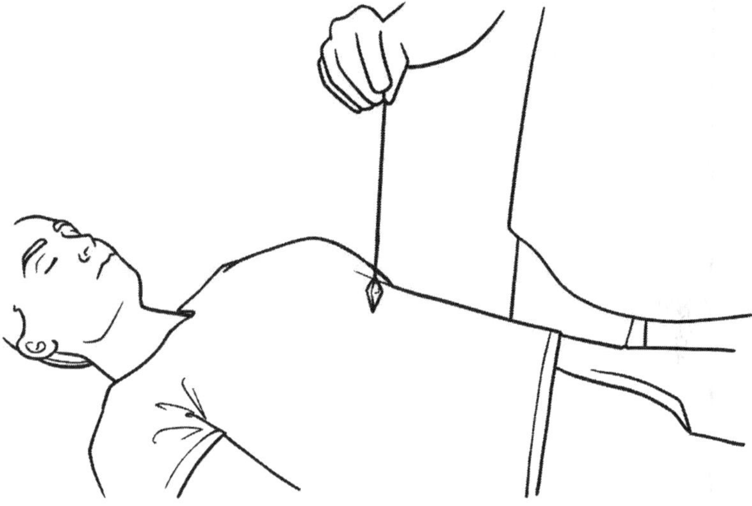

Nach der Identifizierung der problematischen Bereiche folgt der nächste entscheidende Schritt: die Beseitigung der negativen Energien. Hierbei setzt der Therapeut eine Reihe von Techniken ein, die jeweils auf die spezifischen Bedürfnisse des Patienten abgestimmt sind. Handauflegen ist eine der Methoden, bei der der Therapeut seine Hände in einem Abstand von wenigen Zentimetern über die betroffenen Bereiche hält. Durch die Konzentration auf die Übertragung heilender Energien wird angestrebt, die negativen Energien zu neutralisieren und aus dem Körper zu entfernen. Alternativ oder zusätzlich können auch Atemübungen integriert werden, die den Energiefluss im Körper harmonisieren. In einigen Fällen wird auch der Einsatz von Klangschalen in Betracht gezogen. Die Vibrationen dieser Schalen können tief in das energetische System eindringen und dort für eine weitere Klärung und Reinigung sorgen.

**Anwendung der energetischen Reinigung**

**• Vorbereitung des Raumes und des Patienten**

Der Therapeut beginnt damit, den Raum in eine Oase der Ruhe und Entspannung zu verwandeln. Dazu schaltet er alle potenziellen Störquellen wie Handys oder andere elektronische Geräte aus. Zusätzlich kann er beruhigende Klänge, etwa von einer Klangschale oder sanfter Musik, sowie angenehme Düfte durch Aromatherapie einsetzen. Diese Elemente tragen dazu bei, eine Atmosphäre der Ruhe und des Wohlgefühls zu schaffen. Der Patient wird dann gebeten, eine bequeme Position einzunehmen. Meistens wird eine liegende Position auf einer Behandlungsliege bevorzugt, da sie die vollständige Entspannung des Körpers erleichtert.

**• Identifizierung der negativen Energien**

Nachdem der Raum vorbereitet ist, wählt der Therapeut ein geeignetes Instrument aus, um den energetischen Zustand des Patienten zu analysieren. Dies kann ein speziell entwickeltes Pendel oder ein Kristall sein. Der Therapeut führt das Instrument über den Körper des Patienten und achtet dabei auf jegliche Unregelmäßigkeiten oder Anzeichen von Blockaden. Diese Phase ist entscheidend, um die Bereiche zu identifizieren, die einer energetischen Reinigung bedürfen.

**• Entfernung der negativen Energien**

Sobald die negativen Energien oder Blockaden identifiziert sind, beginnt der Therapeut mit der eigentlichen Reinigung. Hierbei können verschiedene Techniken zum Einsatz kommen. Handauflegen ist eine gängige Methode, bei der der Therapeut seine Hände wenige Zentimeter über die betroffenen Bereiche hält und sich darauf konzentriert, negative Energien zu lösen und zu entfernen. Alternativ oder ergänzend können Klangschalen verwendet werden, deren Vibrationen ebenfalls zur Auflösung energetischer Blockaden beitragen können.

**• Energetische Ausbalancierung**

Nach der erfolgreichen Entfernung der negativen Energien überprüft der Therapeut den Energiefluss im gesamten Körper erneut. Ziel ist es, sicherzustellen, dass die Energie nun frei und ungehindert fließen kann. Falls notwendig, werden weitere Anpassungen vorgenommen, um das energetische Gleichgewicht vollständig wiederherzustellen.

**• Abschluss und Nachbesprechung**

Zum Abschluss der Sitzung setzt sich der Therapeut mit dem Patienten zusammen, um die Ergebnisse der energetischen Reinigung zu besprechen. In diesem Gespräch werden die Erkenntnisse aus der Sitzung erörtert und Empfehlungen für die zukünftige energetische Pflege gegeben. Dies kann auch Hinweise auf weitere Behandlungen oder Übungen für zu Hause umfassen, die dazu beitragen, das erreichte energetische Gleichgewicht zu erhalten.

## ENERGETISCHE HEILUNG

Die energetische Heilung zielt darauf ab, die körpereigene Energie zu aktivieren. Im Gegensatz zur energetischen Reinigung, die sich auf die Entfernung negativer Energien konzentriert, fokussiert sich die energetische Heilung auf die Stärkung und Aktivierung der positiven Lebensenergie. Durch die Aktivierung dieser Energien werden die Selbstheilungskräfte des Körpers angeregt. Dies hat nicht nur Auswirkungen auf die physische Verfassung, sondern trägt auch zur emotionalen und spirituellen Harmonie bei.

## Vorteile der energetischen Heilung

Die energetische Heilung in der Aurachirurgie bietet ein breites Spektrum an Vorteilen, die weit mehr umfassen als nur die Verbesserung der physischen Gesundheit. Einer der bemerkenswertesten Vorteile ist die Förderung der emotionalen Stabilität. Durch die gezielte Aktivierung und Harmonisierung der körpereigenen Energien wird ein Zustand innerer Ausgeglichenheit geschaffen. Dieser Zustand wirkt sich nicht nur beruhigend auf den Geist aus, sondern kann auch dazu beitragen, emotionale Schwankungen zu minimieren und ein Gefühl der inneren Ruhe und Klarheit zu erzeugen. Ein weiterer, oft übersehener Nutzen der energetischen Heilung ist die Unterstützung der spirituellen Entwicklung. Durch die Arbeit an den Energiezentren und -bahnen des Körpers wird eine stärkere Verbindung zum eigenen Selbst und möglicherweise auch zur universellen Energie hergestellt. Dies kann eine intensivere spirituelle Wahrnehmung und ein gesteigertes Bewusstsein für die eigenen inneren Vorgänge mit sich bringen. Die Aktivierung der körpereigenen Energien schafft zudem einen Zustand der inneren Harmonie und des Gleichgewichts. Dieser Zustand beeinflusst auch die Lebensqualität auf eine Weise, die schwer in Worte zu fassen ist. Es handelt sich um ein ganzheitliches Gefühl der Zufriedenheit und des Einklangs mit sich selbst, das in vielen Lebensbereichen spürbare Verbesserungen mit sich bringen kann.

## Methoden der energetischen Heilung

In der Aurachirurgie werden für die energetische Heilung spezielle Techniken und Instrumente verwendet. Ein markantes Beispiel sind fein geschliffene Kristalle, die nicht nur als dekorative Elemente dienen, sondern eine wichtige Funktion als Energieverstärker erfüllen. Diese Kristalle werden sorgfältig an ausgewählten Energiepunkten des Körpers platziert. Der Therapeut führt diese Platzierung mit höchster Präzision durch, um die Lebensenergie des Patienten gezielt zu aktivieren und zu intensivieren.

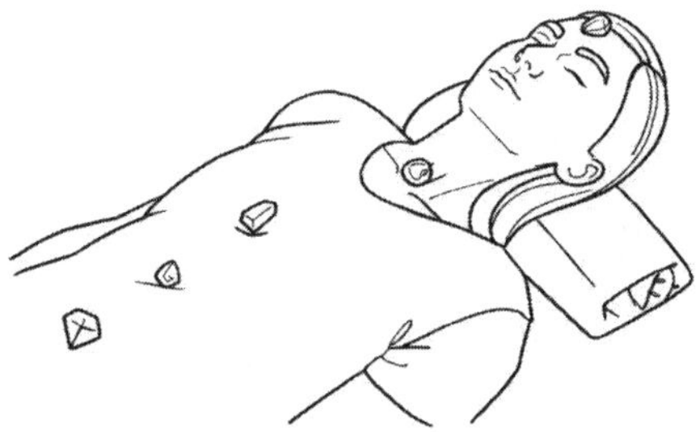

Neben den Kristallen gibt es weitere Methoden, die in der energetischen Heilung Anwendung finden. Atemtechniken stellen eine solche Methode dar. Durch gezielte Atemübungen wird der Energiefluss im Körper nicht nur angeregt, sondern auch harmonisiert. Der Therapeut leitet den Patienten an, bestimmten Atemmustern zu folgen, die darauf abzielen, die Energiezentren des Körpers zu öffnen und den Energiefluss zu optimieren. So wird ein Zustand innerer Balance und Harmonie angestrebt, der die Grundlage für die Aktivierung der Selbstheilungskräfte bildet.

**Anwendung der energetischen Heilung**

- Vorbereitung des Raumes und des Patienten

Der Therapeut nimmt sich Zeit, den Behandlungsraum in eine Oase der Ruhe und Geborgenheit zu verwandeln. Jedes Detail wird bedacht, von der Beleuchtung bis zur Raumtemperatur. Sanfte Musik oder Naturklänge können aus einem Lautsprecher strömen, um eine beruhigende akustische Kulisse zu schaffen. Aromatherapie mit ätherischen Ölen wie Lavendel oder Eukalyptus kann ebenfalls zum Einsatz kommen, um die Sinne zu beruhigen und die Konzentration zu fördern. Sobald die Atmosphäre vorbereitet ist, wird der Patient eingeladen, eine bequeme Position einzunehmen. Oft wird eine liegende Position auf einer weichen Liege gewählt, um maximale Entspannung und Offenheit für den Heilungsprozess zu ermöglichen.

### • Aktivierung der körpereigenen Energien

In dieser Phase konzentriert sich der Therapeut darauf, die körpereigenen Energien des Patienten zu aktivieren. Spezielle Instrumente, wie fein geschliffene Kristalle, können an bestimmten Energiepunkten des Körpers platziert werden. Diese Kristalle dienen als Energieverstärker und helfen, die Lebensenergie, auch bekannt als „Qi" oder „Prana", zu aktivieren. Alternativ oder zusätzlich können spezielle Atemtechniken angewendet werden. Durch gezielte Atemübungen wird der Energiefluss im Körper angeregt und die Aktivierung der körpereigenen Energien unterstützt.

### • Energetische Stärkung

Nach der erfolgreichen Aktivierung der Energien lenkt der Therapeut seine Aufmerksamkeit darauf, diese Energien zu stärken und ins Gleichgewicht zu bringen. Weitere Atemübungen können hierbei hilfreich sein, um die Energiezentren des Körpers zu harmonisieren. Klangschalen können ebenfalls zum Einsatz kommen. Die Vibrationen der Klangschalen haben die Fähigkeit, in das energetische System einzudringen und eine Harmonisierung der Energien zu bewirken.

### • Abschluss und Nachbesprechung

Zum Abschluss der energetischen Heilungssitzung findet ein Gespräch zwischen Therapeut und Patient statt. In dieser Nachbesprechung werden die Erfahrungen und Ergebnisse der Sitzung erörtert. Der Therapeut gibt dem Patienten individuelle Empfehlungen für die zukünftige energetische Pflege. Dies kann Hinweise auf spezielle Übungen für zu Hause beinhalten oder auch Empfehlungen für weitere Behandlungen, die dazu beitragen, das erreichte energetische Gleichgewicht zu erhalten.

# ENERGIEÜBERTRAGUNG

In der Aurachirurgie zeichnet sich die Energieübertragung durch ihre spezielle Ausrichtung auf die direkte Zufuhr von Energie in den Körper des Patienten aus. Hierbei geht es nicht nur um eine passive Aktivierung oder Stärkung der bereits im Körper vorhandenen Energien. Vielmehr handelt es sich um eine aktive und bewusste Übertragung von Energie von außen. Dieser Ansatz unterscheidet sich grundlegend von anderen Methoden, die primär darauf abzielen, die im Körper bereits vorhandenen Energiereserven zu mobilisieren oder zu harmonisieren. Bei der Energieübertragung wird gezielt externe Energie in den Körper des Patienten geleitet, um sowohl die physische als auch die emotionale Gesundheit zu verbessern.

## Ziele und Ausrichtung der Methode

Die Energieübertragung verfolgt ein ganzheitliches Ziel: Sie zielt darauf ab, den Patienten in einen Zustand vollkommener innerer Harmonie und energetischer Ausgewogenheit zu versetzen. Dies beinhaltet eine sorgfältige Berücksichtigung sowohl der physischen als auch der emotionalen Verfassung des Patienten. Durch die bewusste Zufuhr von Energie können körperliche Beschwerden, wie etwa Schmerzen, effektiv gelindert werden. Ebenso wird die Methode zur Reduzierung von Stress und zur Förderung der emotionalen Ausgeglichenheit eingesetzt. Aber die Energieübertragung geht noch weiter: Sie hat die Fähigkeit, auch auf einer spirituellen Ebene zu wirken. Hierbei kann sie als Katalysator für die persönliche und spirituelle Entwicklung des Patienten dienen. Durch die Harmonisierung der Energieflüsse im Körper können Blockaden gelöst werden, die den Zugang zu höheren Bewusstseinsebenen behindern könnten. Somit bietet die Methode nicht nur kurzfristige Linderung von Beschwerden, sondern kann auch langfristig zur Steigerung der Lebensqualität und zur persönlichen Weiterentwicklung beitragen.

## Vielfältige Vorteile für den Patienten

Neben der Linderung von Schmerzen und der Reduzierung von Stress bietet diese Technik eine Reihe weiterer Vorteile. Sie trägt zur emotionalen Ausgeglichenheit bei und kann sogar die spirituelle Entwicklung fördern. Durch die bewusste Zufuhr von Energie wird ein Zustand der inneren Harmonie erreicht, der sich positiv auf die Lebensqualität auswirkt. Zudem wird die Effektivität der gesamten aurachirurgischen Behandlung durch die Unterstützung der körpereigenen Heilungsprozesse erhöht.

### Anwendung der Energieübertragung

**• Vorbereitung des Raumes und des Patienten**

Der erste Schritt in der Anwendung der Energieübertragung ist die Schaffung einer Atmosphäre, die Ruhe und Geborgenheit ausstrahlt. Der Therapeut kann hierfür verschiedene Elemente nutzen, wie zum Beispiel sanfte, beruhigende Musik oder Aromatherapie mit ätherischen Ölen. Diese sorgfältig ausgewählten Elemente tragen dazu bei, den Raum in eine Oase der Entspannung zu verwandeln. Der Patient wird anschließend gebeten, eine bequeme Position einzunehmen, vorzugsweise im Liegen, um die bestmögliche Entspannung und somit eine optimale Energieübertragung zu ermöglichen.

**• Aktivierung der Übertragungsenergie**

Bevor die eigentliche Energieübertragung beginnt, bereitet der Therapeut sich selbst vor. Durch spezielle Meditationstechniken oder Atemübungen stellt er sicher, dass seine eigene Energie auf einem hohen und reinen Niveau ist. Dies ist entscheidend für die Qualität der zu übertragenden Energie.

**• Durchführung der Energieübertragung**

Jetzt beginnt der Therapeut mit der eigentlichen Energieübertragung. Er positioniert seine Hände nahe am Körper des Patienten oder nutzt spezielle Instrumente wie Kristalle oder Pendel, die als Energieleiter dienen können. Durch Konzentration und spezielle Techniken wird die Energie dann bewusst und gezielt auf den Patienten übertragen. Während dieser Zeit achtet der Therapeut sorgfältig auf die Reaktionen des Patienten, um die Methode bei Bedarf anzupassen und zu verfeinern.

**• Energetische Feinabstimmung**

Nach der initialen Energieübertragung folgt eine Phase der energetischen Feinabstimmung. Der Therapeut überprüft den Energiezustand des Patienten erneut, um sicherzustellen, dass die übertragene Energie gut integriert wurde und um eventuelle Anpassungen vorzunehmen. Dies kann durch weitere kurze Energieübertragungen oder durch sanfte Berührungen an bestimmten Energiepunkten erfolgen.

**• Abschluss und Nachbesprechung**

Zum Abschluss der Behandlung setzt sich der Therapeut mit dem Patienten zusammen, um die Erfahrungen und Ergebnisse der Sitzung zu besprechen. In diesem Gespräch werden die Erkenntnisse aus der Behandlung erörtert und Empfehlungen für die zukünftige energetische Pflege gegeben. Dies kann auch Hinweise auf weitere Behandlungen oder Übungen für zu Hause umfassen, die dazu beitragen, das erreichte energetische Gleichgewicht zu erhalten.

# AURA-HEILUNG

Die Aura-Heilung konzentriert sich darauf, die energetische Hülle, die den physischen Körper umgibt, zu reinigen und ins Gleichgewicht zu bringen. Anders als bei Verfahren, die die körpereigenen Energien aktivieren oder verstärken, liegt der Schwerpunkt hier auf einer ganzheitlichen Harmonisierung der Aura. Diese Technik bietet einen einzigartigen Ansatz zur Verbesserung der physischen und emotionalen Gesundheit.

## Umfassende Ziele der Aura-Heilung

Diese besondere Technik zielt darauf ab, ein ganzheitliches Gleichgewicht der Aura zu erreichen. Dabei werden sowohl körperliche als auch emotionale Zustände berücksichtigt. Die Reinigung und die Harmonisierung der Aura haben das Potenzial, physische Beschwerden wie Schmerzen und Verspannungen zu lindern. Zudem kann die Aura-Heilung dazu beitragen, emotionale Unausgewogenheiten wie Stress oder Ängste zu mindern. Auf einer grundlegenderen Ebene kann sie sogar als Katalysator für die spirituelle Entwicklung des Patienten wirken.

## Mehrwert für den Patienten

Neben der Harmonisierung der physischen und emotionalen Zustände bietet die Aura-Heilung eine Reihe weiterer Vorteile. Sie trägt zur emotionalen Ausgeglichenheit bei und kann sogar die spirituelle Entwicklung fördern. Durch die Reinigung und Harmonisierung der Aura wird ein Zustand der inneren Ruhe und Ausgeglichenheit erreicht, der sich positiv auf die allgemeine Lebensqualität auswirkt. Darüber hinaus fördert die Technik die körpereigenen Heilungsprozesse und steigert somit die Effektivität der gesamten aurachirurgischen Behandlung.

## Einleitung zur Anwendung der Aura-Heilung

### • Vorbereitung

Bevor die Aura-Heilung beginnt, ist es entscheidend, eine Atmosphäre der Ruhe und Geborgenheit zu schaffen. Der Therapeut kann hierfür verschiedene Elemente nutzen, wie zum Beispiel sanfte, beruhigende Musik oder Aromatherapie mit ätherischen Ölen. Diese sorgfältig ausgewählten Elemente tragen dazu bei, den Raum in eine Oase der Entspannung zu verwandeln. Der Patient wird anschließend gebeten, eine bequeme Position einzunehmen, vorzugsweise im Liegen. Dies stellt sicher, dass der Patient vollkommen entspannt ist und somit eine optimale Voraussetzung für die Aura-Heilung gegeben ist.

### • Aura-Reinigung

Nachdem der Raum und der Patient vorbereitet sind, beginnt der Therapeut mit der eigentlichen Reinigung der Aura. Spezielle Techniken und Instrumente kommen zum Einsatz, um energetische Unreinheiten und Blockaden in der Aura des Patienten zu identifizieren. Der Therapeut kann Pendel oder Kristalle verwenden, um die energetischen Schwingungen der Aura zu messen. In einigen Fällen kann der Therapeut auch seine intuitive Wahrnehmung nutzen, um energetische Unausgewogenheiten zu erkennen. Sobald diese identifiziert sind, werden sie gezielt entfernt. Dies kann durch energetische Handauflegung, den Einsatz von Kristallen oder durch spezielle Atemtechniken erfolgen.

### • Aura-Ausgleich

Nach der gründlichen Reinigung der Aura liegt der Fokus auf dem Ausbalancieren der energetischen Strukturen. Der Therapeut verwendet gezielte Techniken, um die Aura in ein harmonisches Gleichgewicht zu bringen. Klangschalen können zum Beispiel eingesetzt werden, um durch ihre Schwingungen die energetischen Frequenzen der Aura zu harmonisieren. Atemübungen können ebenfalls eine Rolle spielen, um den Energiefluss in der Aura zu regulieren. In einigen Fällen kann der Therapeut auch energetische Handauflegung verwenden, um die Energiezentren des Körpers auszubalancieren.

- **Abschlussgespräch und Reflexion**

Zum Abschluss der Sitzung setzt sich der Therapeut mit dem Patienten zusammen, um die Erfahrungen und Erkenntnisse der Behandlung zu besprechen. Dieses Gespräch ist ein wichtiger Bestandteil des Heilungsprozesses. Der Therapeut gibt dem Patienten individuelle Empfehlungen für die weitere energetische Pflege. Dies kann Hinweise auf spezielle Übungen für zu Hause umfassen oder auch Empfehlungen für weitere Behandlungen, die dazu beitragen, das erreichte energetische Gleichgewicht zu erhalten.

# Arbeit mit den Auraschichten

Dieses Kapitel beleuchtet die komplexen Strukturen der verschiedenen Auraschichten in ihrer ganzen Tiefe. Dabei wird nicht nur auf die spezifischen Techniken eingegangen, die ein Aurachirurg zur Behandlung und Harmonisierung dieser vielschichtigen energetischen Hüllen anwendet. Es werden auch praxisnahe Methoden vorgestellt, die jeder Einzelne in seinem Alltag umsetzen kann, um die Gesundheit und das Wohlgefühl der jeweiligen Aura-Schicht zu fördern.

## TECHNIKEN FÜR DEN AURACHIRURGEN

Ein Aurachirurg verfügt über ein breites Spektrum an spezialisierten Techniken, die individuell auf die Bedürfnisse der verschiedenen Auraschichten abgestimmt sind. Diese Techniken reichen von der gezielten Handauflegung, bei der energetische Blockaden gelöst werden, über den Einsatz von Kristallen, die als Energieleiter dienen, bis hin zu Pendeln, die zur Diagnose und Behandlung von energetischen Unausgewogenheiten verwendet werden. Darüber hinaus können auch spezielle Atemübungen und Meditationstechniken zum Einsatz kommen, die darauf abzielen, die Energieflüsse innerhalb der Auraschichten zu harmonisieren. Neben den spezialisierten Methoden, die ein Aurachirurg anwendet, gibt es auch eine Reihe von Techniken, die sich leicht in den Alltag integrieren lassen und zur Pflege der eigenen

Auraschichten beitragen können. Dazu gehören beispielsweise einfache Atemübungen, die helfen, die Energie in den verschiedenen Schichten zu zirkulieren. Meditationstechniken können ebenfalls nützlich sein, insbesondere solche, die auf die Aktivierung und Harmonisierung spezifischer Chakren abzielen. Farbtherapie und Klangschalen können ebenfalls eingesetzt werden, da jede Auraschicht mit bestimmten Farben und Frequenzen in Resonanz geht.

## ANZEICHEN FÜR EIN UNGLEICHGEWICHT IN DEN AURASCHICHTEN

Ein Ungleichgewicht in den Auraschichten kann sich durch eine breite Palette an Symptomen bemerkbar machen, die sowohl den physischen als auch den emotionalen und sogar den spirituellen Zustand einer Person beeinflussen können.

Auf der körperlichen Ebene könnten erste Anzeichen für ein Ungleichgewicht in den Auraschichten anhaltende Müdigkeit und Erschöpfung sein, die sich auch nach ausreichendem Schlaf nicht bessern. Unerklärliche Schmerzen, die weder durch medizinische Untersuchungen noch durch konventionelle Behandlungsmethoden gelindert werden können, sind ein weiteres Warnsignal. Darüber hinaus können Symptome wie chronische Verspannungen, häufige Kopfschmerzen und allgemeines Unwohlsein ebenfalls auf ein energetisches Ungleichgewicht hindeuten. Auf der emotionalen Ebene können Ungleichgewichte in den Auraschichten durch anhaltenden Stress und eine erhöhte Anfälligkeit für Ängste und Sorgen gekennzeichnet sein. Depressive Verstimmungen, die ohne ersichtlichen Grund auftreten und sich trotz positiver Lebensumstände nicht bessern, können ebenfalls ein Indikator sein. In extremen Fällen können sogar plötzliche und unerklärliche Stimmungsschwankungen oder Verhaltensänderungen, wie beispielsweise sozialer Rückzug oder übermäßige Emotionalität, auf ein energetisches Ungleichgewicht in einer oder mehreren Auraschichten hinweisen. Darüber hinaus gibt es auch subtilere Anzeichen, die auf ein Ungleichgewicht in den Auraschichten hindeuten können. Dazu gehören beispielsweise wiederkehrende negative Gedankenmuster, ein Mangel an Kreativität oder Inspiration und sogar ein Gefühl der Entfremdung oder der Isolation von anderen Menschen und der Umwelt. In manchen Fällen können auch unerklärliche Ängste oder Phobien, die scheinbar ohne Grund auftreten, ein Zeichen für energetische Blockaden in einer der feinstofflichen Auraschichten sein.

Ein erfahrener Aurachirurg hat die Fähigkeit, diese komplexen Symptome zu deuten und die betroffenen Auraschichten zu identifizieren. Durch eine Vielzahl von Diagnosemethoden, die von der Aura-Lesung, bei der die Farben und Formen der Aura interpretiert werden, bis zur energetischen Abtastung des Körpers reichen, kann der Aurachirurg feststellen, welche der Auraschichten aus der Balance geraten sind. Nach der Diagnose kann dann eine zielgerichtete Behandlung eingeleitet werden, die darauf abzielt, das energetische Gleichgewicht wiederherzustellen und die Symptome zu lindern.

## ANNAMAYA KOSHA – DER NAHRUNGS-KÖRPER

Annamaya Kosha, auch als der Nahrungs-Körper bekannt, ist die äußerste und greifbarste Schicht der Aura. Diese Schicht ist einzigartig, da sie sich aus den fünf Grundelementen Erde, Feuer, Wasser, Luft und Äther oder Raum zusammensetzt. Diese Elemente sind die Bausteine, aus denen der physische Körper geformt ist. Sie sind nicht nur in der materiellen Welt präsent, sondern auch in der energetischen Struktur des Menschen verankert. Der Nahrungs-Körper ist eng mit den physischen Vorgängen und Lebensphasen verbunden, die jeden Menschen durchlaufen. Diese Lebensphasen sind Geburt, Wachstum, Verfall und schließlich der Tod. Jede dieser Phasen bringt ihre eigenen

Herausforderungen und Veränderungen mit sich, sowohl auf der physischen als auch auf der energetischen Ebene. Zum Beispiel ist die Phase des Wachstums oft mit einer Zunahme der Vitalität und Energie verbunden, während der Verfall oft eine Abnahme der körperlichen Stärke und der energetischen Reserven mit sich bringt. Da der Nahrungs-Körper die äußerste Schicht der Aura ist, ist er auch die erste Anlaufstelle für externe Einflüsse, sowohl positiver als auch negativer Art. Er ist es, der Nahrung, Luft und Sinnesreize aufnimmt und verarbeitet. Er ist auch die Schicht, die am meisten von der physischen Gesundheit beeinflusst wird. Ernährung, Bewegung, Schlaf und andere lebensstilbedingte Faktoren haben direkte Auswirkungen auf die Qualität und das Wohlgefühl des Nahrungs-Körpers.

Der Nahrungs-Körper ist auch die Schicht, die am ehesten mit der westlichen Medizin und ihren Diagnose- und Behandlungsmethoden korrespondiert. Wenn es ein Ungleichgewicht oder eine Krankheit im Nahrungs-Körper gibt, sind die Symptome meist physischer Natur und können oft durch konventionelle medizinische Tests und Verfahren identifiziert werden. In der Aurachirurgie dient der Nahrungs-Körper als Schnittstelle zwischen der materiellen und der energetischen Welt. Ein erfahrener Aurachirurg wird immer den Zustand des Nahrungs-Körpers berücksichtigen, wenn er eine Diagnose stellt oder eine Behandlung plant. Dies liegt daran, dass ein Ungleichgewicht in dieser Schicht oft Auswirkungen auf die inneren, subtileren Schichten der Aura hat. Daher sind die Pflege und das Halten bzw. Herstellen des Gleichgewichts des Nahrungs-Körpers oft die ersten Schritte in einem umfassenderen Heilungsprozess. In der Praxis kann die Arbeit mit dem Nahrungs-Körper durch eine Reihe von Techniken erfolgen, darunter Ernährungsberatung, physische Übungen und sogar chirurgische Eingriffe, wenn sie medizinisch notwendig sind. Durch die Harmonisierung dieser äußersten Auraschicht können oft auch energetische Ungleichgewichte adressiert werden, was den Weg für eine ganzheitliche Heilung ebnet.

## Techniken, die der Aurachirurg anwenden kann

In der Aurachirurgie gibt es spezielle Techniken, die sich auf den Nahrungs-Körper konzentrieren. Eine der gängigsten Methoden ist die energetische Abtastung, bei der der Aurachirurg die Aura des Patienten sorgfältig untersucht, um Ungleichgewichte oder Blockaden zu identifizieren. Dies kann durch den Einsatz von spezialisierten Instrumenten wie Pendeln oder durch intuitive Wahrnehmung erfolgen. Sobald ein Problem erkannt ist, kann der Aurachirurg energetische Korrekturen vornehmen, oft durch Handauflegen oder durch die Verwendung von Kristallen, die als Energieleiter dienen. In einigen Fällen kann auch die Farbtherapie angewendet werden, bei der bestimmte Farben genutzt werden, um die Energie des Nahrungs-Körpers auszugleichen.

Ein weiterer Ansatz ist die Verwendung von Klangtherapie oder Klangschalen. Die Vibrationen dieser Instrumente können dazu beitragen, die energetische Struktur des Nahrungs-Körpers zu harmonisieren. In fortgeschrittenen Fällen kann der Aurachirurg auch spezielle energetische „Chirurgie" durchführen, um innere Blockaden oder Ungleichgewichte zu korrigieren.

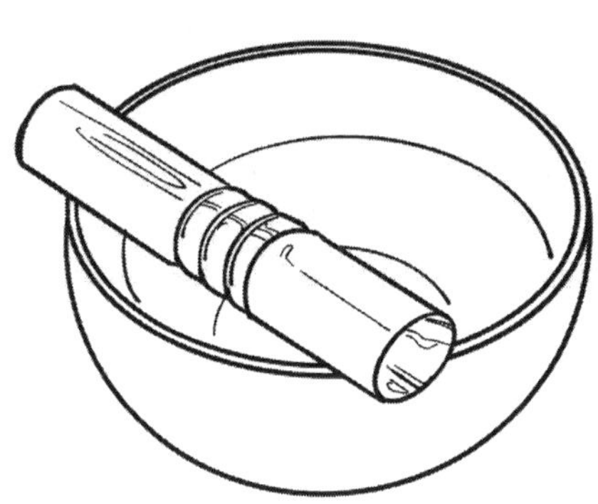

## Techniken für den alltäglichen Gebrauch

Für die Pflege des Nahrungs-Körpers im Alltag gibt es auch Techniken, die ohne professionelle Hilfe angewendet werden können. Eine der einfachsten Methoden ist die bewusste Ernährung. Da dieser Körper direkt von der aufgenommenen Nahrung beeinflusst wird, kann eine ausgewogene Ernährung eine große Rolle bei der Aufrechterhaltung eines gesunden Nahrungs-Körpers spielen.

Atemübungen können ebenfalls sehr nützlich sein. Durch bewusstes Atmen kann die Energie im Nahrungs-Körper aktiviert und harmonisiert werden. Einfache Atemtechniken wie die Bauchatmung können bereits einen spürbaren Unterschied machen.

Körperliche Bewegung ist ein weiterer wichtiger Faktor. Regelmäßige körperliche Aktivität, sei es durch Sport, Yoga oder einfaches Spazierengehen, kann dazu beitragen, den Energiefluss im Nahrungs-Körper zu verbessern.

Schließlich kann auch die Verwendung von ätherischen Ölen in Form von Aromatherapie hilfreich sein. Bestimmte Düfte wie Lavendel oder Kamille können beruhigend wirken und dazu beitragen, den Nahrungs-Körper ins Gleichgewicht zu bringen.

Durch die Kombination dieser Techniken kann jeder Einzelne dazu beitragen, den eigenen Nahrungs-Körper im Gleichgewicht zu halten und somit die Grundlage für eine gesunde und harmonische Aura zu schaffen.

# PRANAMAYA KOSHA – DER ENERGIEKÖRPER

Im Sanskrit bezeichnet der Begriff Pranamaya Kosha den „Vital-Körper“ oder die „Lebenshülle“. Diese Auraschicht ist von besonderer Bedeutung, da sie als vitale Ebene des Körpers fungiert und sowohl den physischen als auch den geistigen Körper mit Energie, auch bekannt als Prana, versorgt. Auf der grobstofflichen Ebene hat die Pranamaya Kosha direkten Einfluss auf den Blutkreislauf, die Temperaturregulation, das Atemsystem und den Stoffwechselkreislauf. Sie ist somit für die grundlegenden lebenserhaltenden Funktionen verantwortlich.

Auf der feinstofflichen Ebene beinhaltet die Pranamaya Kosha alle Energiekanäle, die als Nadis bekannt sind. Diese Kanäle transportieren die Lebensenergie durch den gesamten Körper und sind eng mit den Chakren, den Energiezentren, verknüpft. Die Pranamaya Kosha dient als Brücke zwischen dem physischen und dem geistigen Körper und ist wichtig für die Aufrechterhaltung des energetischen Gleichgewichts.

## Techniken, die der Aurachirurg anwenden kann

Für die Behandlung der Pranamaya Kosha stehen dem Aurachirurgen verschiedene Techniken zur Verfügung. Eine der gängigsten ist die Prana-Heilung, bei der der Therapeut durch Handauflegen oder durch die Verwendung von speziellen Instrumenten wie Kristallen oder Pendeln die Energieflüsse im Körper ausgleicht. Auch die Klangtherapie kann hier zum Einsatz kommen, da die Vibrationen der Klangschalen die Energiekanäle stimulieren und Blockaden lösen können. Eine weitere Technik ist die Atemtherapie. Durch gezielte Atemübungen kann der Aurachirurg den Energiefluss im Körper aktivieren und harmonisieren. In fortgeschrittenen Fällen kann sogar eine Art energetische „Chirurgie“ durchgeführt werden, bei der tiefer liegende Blockaden in den Energiekanälen beseitigt werden.

## Techniken für den alltäglichen Gebrauch

Für die tägliche Pflege der Pranamaya Kosha gibt es mehrere Ansätze. Atemübungen (wie die Vier-Sieben-Acht-Technik oder die Bauchatmung) können helfen, den Energiefluss zu verbessern. Auch Meditationstechniken, die sich auf die Aktivierung der Chakren konzentrieren, können sehr effektiv sein.

**Anleitung: Vier-Sieben-Acht-Technik**

- Setzen Sie sich bequem hin und legen Sie die Hände entspannt auf die Oberschenkel. Schließen Sie die Augen und öffnen Sie den Mund leicht.
- Atmen Sie durch die Nase ein und zählen Sie dabei bis vier.
- Halten Sie den Atem an und zählen Sie bis sieben.
- Atmen Sie langsam durch den Mund aus und zählen Sie dabei bis acht.
- Wiederholen Sie diesen Zyklus mindestens viermal. Steigern Sie die Anzahl der Zyklen nach und nach, aber übertreiben Sie es nicht.
- Öffnen Sie die Augen und nehmen Sie sich einen Moment Zeit, um die Veränderungen in Ihrem Energiefluss zu spüren.

**Anleitung: Bauchatmung**

- Legen Sie sich flach auf den Rücken, die Hände ruhen auf dem Bauch. Die Beine sind leicht gespreizt, die Füße entspannt.
- Legen Sie eine Hand auf den Bauch und die andere auf die Brust. Dies hilft Ihnen, sich auf die Atmung zu konzentrieren.
- Atmen Sie durch die Nase ein, sodass sich der Bauch unter Ihrer Hand hebt. Die Brust sollte sich nicht bewegen.
- Halten Sie den Atem kurz an und spüren Sie, wie sich der Bauch wölbt.
- Atmen Sie langsam durch den Mund aus und spüren Sie, wie sich der Bauch unter Ihrer Hand senkt.
- Führen Sie diese Übung mindestens zehnmal durch. Je öfter Sie üben, desto natürlicher wird die Bauchatmung für Sie.
- Setzen Sie sich langsam auf und nehmen Sie sich einen Moment Zeit, um die Veränderungen in Ihrem Energiefluss wahrzunehmen.

Die Ernährung spielt ebenfalls eine Rolle. Lebensmittel, die reich an Prana sind, wie frisches Obst und Gemüse, können die Energie der Pranamaya Kosha stärken. Ebenso können Tees aus Kräutern wie Ginseng oder Ashwagandha dazu beitragen, das energetische Gleichgewicht zu fördern.

Die regelmäßige körperliche Betätigung, insbesondere Übungen, die den Energiefluss anregen, wie Tai-Chi oder Yoga, sind ebenfalls empfehlenswert. Durch diese Praktiken wird nicht nur der physische Körper gestärkt, sondern auch die Energie in der Pranamaya Kosha harmonisiert.

## MANOMAYA KOSHA – DER INFORMATIONSKÖRPER

Im Sanskrit steht der Ausdruck Manomaya Kosha für den „Geistes-Körper". Diese Auraschicht dient als Sammelstelle für eine Vielzahl von Informationen, die durch die Sinne aufgenommen werden. Sie ist gleichsam der Sitz einer breiten Palette emotionaler und mentaler Zustände, darunter Wünsche, Bedürfnisse, Gefühle, Ängste und Erinnerungen. In dieser Schicht werden ständig unbewusste Botschaften zwischen den verschiedenen Körperschichten ausgetauscht.

Sie stellt somit eine Art Schnittstelle dar, die den Übergang vom grobstofflichen zum feinstofflichen Körper markiert.

Die Manomaya Kosha ist nicht nur ein passiver Empfänger von Sinneseindrücken, sondern auch ein aktiver Verarbeiter dieser Informationen. Sie ist eng mit dem Gedächtnis verknüpft und spielt eine entscheidende Rolle bei der Interpretation der aufgenommenen Daten. Dies geschieht durch komplexe mentale Vorgänge, die von der einfachen Wahrnehmung bis zur intensiven Reflexion reichen.

## Techniken, die der Aurachirurg anwenden kann

In der Aurachirurgie gibt es spezielle Techniken zur Behandlung der Manomaya Kosha. Eine davon ist die sogenannte „Gedanken-Chirurgie", bei der der Therapeut versucht, negative Gedankenmuster oder emotionale Blockaden zu identifizieren und zu entfernen. Dies kann durch intuitive Wahrnehmung oder auch durch den Einsatz von spezialisierten Instrumenten wie Pendeln oder Kristallen erfolgen.

Eine weitere Methode ist die Anwendung von Farbtherapie. Da die Manomaya Kosha auch auf visuelle Reize reagiert, können bestimmte Farben dazu verwendet werden, die energetische Balance dieser Auraschicht wiederherzustellen. Farben wie Blau oder Grün können beispielsweise beruhigend wirken, während Rot oder Orange eher anregend sind.

## Techniken für den alltäglichen Gebrauch

Für die tägliche Pflege der Manomaya Kosha sind Achtsamkeitsübungen besonders effektiv. Durch bewusste Wahrnehmung der eigenen Gedanken und Gefühle können Sie lernen, besser mit Stress oder emotionalen Schwankungen umzugehen. Auch das Führen eines Tagebuchs kann hilfreich sein, um Gedanken und Emotionen besser zu verstehen und zu verarbeiten.

Meditationstechniken, die sich speziell auf die Klärung des Geistes konzentrieren, sind ebenfalls empfehlenswert. Sie helfen, den ständigen Strom an Gedanken zu beruhigen, und fördern so die innere Ruhe und Ausgeglichenheit.

Die Manomaya Kosha bietet eine reiche Landschaft mentaler und emotionaler Zustände, die durch gezielte Techniken sowohl in der Aurachirurgie als auch im täglichen Leben harmonisiert und optimiert werden können. Sie bietet zahlreiche Ansatzpunkte für die persönliche Weiterentwicklung.

# VIJNANAMAYA KOSHA – DER KÖRPER DER WEISHEIT

Im Sanskrit übersetzt sich Vijnanamaya Kosha als „die aus Erkenntnis". Diese Aura-Schicht ist ein besonderer Ort der Intelligenz und des Verstehens. Sie hat die Fähigkeit, die von der Manomaya Kosha bereitgestellten Informationen nicht nur zu empfangen, sondern auch zu differenzieren, zu analysieren, zu reflektieren und zu interpretieren. Diese Ebene des Bewusstseins ist somit ein entscheidender Faktor für bewusstes und überlegtes Handeln. Sie ist eng mit dem individuellen Potenzial einer Person verknüpft und ermöglicht es, die eigenen Möglichkeiten voll auszuschöpfen, um die Persönlichkeit zu vervollkommnen. Letztlich führt sie Sie zu Ihrem wahren SELBST.

Die Vijnanamaya Kosha ist wie ein hochentwickeltes Analysezentrum, das die Fähigkeit besitzt, komplexe Zusammenhänge zu erkennen und zu verstehen. Sie ist der Ort, an dem rationale Entscheidungen getroffen werden, die auf einem umfassenden Verständnis der eigenen Emotionen, Gedanken und der äußeren Umstände basieren.

## Techniken, die der Aurachirurg anwenden kann

In der Aurachirurgie gibt es verschiedene Ansätze zur Behandlung der Vijnanamaya Kosha. Eine Methode ist die sogenannte „Intuitionsschulung", bei der der Therapeut dem Patienten hilft, seine intuitive Wahrnehmung zu schärfen. Dies kann durch spezielle Meditationstechniken oder Visualisierungsübungen erreicht werden.

Eine weitere Technik ist die „Kognitive Umstrukturierung". Hierbei wird versucht, schädliche oder einschränkende Glaubenssätze zu identifizieren und durch förderliche Überzeugungen zu ersetzen. Dies kann durch Gesprächstherapie oder auch durch energetische Arbeit wie Reiki unterstützt werden.

## Techniken für den alltäglichen Gebrauch

Für die tägliche Pflege der Vijnanamaya Kosha sind Techniken wie die Achtsamkeitsmeditation sehr effektiv. Sie fördert die Fähigkeit, den eigenen Gedanken und Gefühlen ohne Urteil zu begegnen, und schärft das Bewusstsein für den gegenwärtigen Moment.

Darüber hinaus können auch analytische Meditationstechniken hilfreich sein. Diese fördern die Fähigkeit, komplexe Probleme und Fragestellungen in ihre Einzelteile zu zerlegen und so zu einem gründlicheren Verständnis zu gelangen.

**Anleitung: Analytische Meditationstechnik**

- Finden Sie einen ruhigen Ort, an dem Sie ungestört sind. Setzen Sie sich in eine bequeme Position, entweder auf einen Stuhl oder auf den Boden. Schließen Sie die Augen und nehmen Sie ein paar tiefe Atemzüge, um sich zu zentrieren.
- Wählen Sie ein spezifisches Problem oder eine Fragestellung aus, die Sie näher betrachten möchten. Es kann sich um eine persönliche Herausforderung, eine ethische Frage oder eine Entscheidung handeln, die Sie treffen müssen.
- Beginnen Sie die Meditation, indem Sie Ihre Gedanken auf das gewählte Thema fokussieren. Stellen Sie sich die Frage oder das Problem bildlich vor und lassen Sie es für einen Moment in Ihrem Geist verweilen.
- Beginnen Sie, das Problem oder die Frage in seine Einzelteile zu zerlegen:

– Welche Aspekte sind beteiligt?

– Welche Emotionen kommen auf?

– Welche möglichen Lösungen oder Antworten gibt es?

• Gehen Sie jeden der zerlegten Aspekte einzeln durch und betrachten Sie ihn aus verschiedenen Perspektiven. Fragen Sie sich, wie jedes Teil zum Ganzen beiträgt und welche Bedeutung es hat.

• Versuchen Sie, die Einzelteile wieder zu einem Ganzen zusammenzufügen, jedoch mit dem neuen Verständnis, das Sie durch die Analyse gewonnen haben.

– Gibt es neue Einsichten oder Lösungsansätze, die sich ergeben haben?

• Beenden Sie die Meditation, indem Sie Ihre neuen Erkenntnisse Revue passieren lassen. Nehmen Sie sich einen Moment Zeit, um zu spüren, wie sich Ihr Verständnis verbessert hat und wie Sie dieses neue Wissen in die Praxis umsetzen können.

• Bevor Sie die Augen öffnen, fühlen Sie Dankbarkeit für die Zeit und den Raum, die Sie sich für diese Selbstreflexion genommen haben. Öffnen Sie dann die Augen und kehren Sie in Ihren Alltag zurück.

Diese analytische Meditationstechnik kann dazu beitragen, komplexe Probleme und Fragestellungen besser zu verstehen und Lösungen zu finden, die vielleicht vorher nicht offensichtlich waren. Sie fördert die Fähigkeit zur Reflexion und kann sowohl in der persönlichen Entwicklung als auch in der spirituellen Praxis eine wertvolle Rolle spielen.

Die Vijnanamaya Kosha kann durch gezielte Techniken und Übungen gestärkt und harmonisiert werden, was zu einer erhöhten Lebensqualität und einem besseren Verständnis des eigenen SELBST führt.

## ANANDAMAYA KOSHA – DER GLÜCKSELIGKEITSKÖRPER

Im Sanskrit bezeichnet Anandamaya Kosha die „Hülle der reinen Glückseligkeit". Diese Auraschicht ist die letzte sichtbare Hülle des Menschen und stellt das Zentrum der Koshas dar. Sie ist die Heimat der individuellen Seele, auch Atman genannt. In dieser Bewusstseinsebene findet sich diejenige Person wieder, die in vollkommener Harmonie mit sich selbst und der Welt lebt. Diese Ebene ist frei von den Einflüssen von Karma, Samskaras (gespeicherten Eindrücken oder Erfahrungen) und Kleshas (geistigen Trübungen oder Leiden). Die Anandamaya Kosha umgibt den Menschen in einer ausgedehnten, ellipsenförmigen Form und stellt die Verbindung zu den wahren Ursprüngen des Seins her.

Diese Auraschicht ist ein Ort der vollkommenen Ruhe und des inneren Friedens. Sie ist der Bereich, in dem das höchste Bewusstsein und die intensivste Glückseligkeit erfahren werden können. Sie ist der Schlüssel zur wahren Natur des Menschen und bietet die Möglichkeit, die Essenz des eigenen Seins zu erkennen und zu erleben.

### Techniken, die der Aurachirurg anwenden kann

Für die Behandlung der Anandamaya Kosha kommen in der Aurachirurgie spezielle Techniken zum Einsatz. Eine dieser Methoden ist die „Seelenreise", bei der der Therapeut den Patienten durch eine geführte Meditation in die tiefsten Ebenen seines Bewusstseins führt. Dort können Blockaden gelöst und die Verbindung zur eigenen Seele gestärkt werden.

Eine weitere Möglichkeit ist die „Energetische Reinigung", bei der der Therapeut die Anandamaya Kosha von negativen Energien befreit, die sich dort angesammelt haben könnten. Dies wird oft durch den Einsatz von Kristallen oder heiligen Mantras erreicht.

### Techniken für den alltäglichen Gebrauch

Für die tägliche Pflege der Anandamaya Kosha eignen sich vor allem spirituelle Praktiken wie Meditation oder Gebet. Besonders wirkungsvoll sind Techniken, die das Herz öffnen und die Verbindung zur eigenen Seele stärken. Hierzu gehören beispielsweise Herz-Meditationen oder das Chanten von Mantras, die die Liebe und die Glückseligkeit im Herzen aktivieren. Die Anandamaya Kosha ist somit nicht nur die letzte sichtbare Hülle des Menschen, sondern auch der Weg zu einem Leben in vollkommener Glückseligkeit und Harmonie. Durch gezielte Techniken und Übungen kann diese Ebene des Bewusstseins aktiviert und erlebt werden, was zu einer allumfassenden inneren Zufriedenheit und einem erfüllten Leben führt.

## JIVA – DIE INDIVIDUELLE SEELE

In der spirituellen Kosmologie stellt die Jiva die individuelle Seele dar, die die Essenz der Persönlichkeit eines jeden Menschen ausmacht. Diese Seele ist einzigartig und unverwechselbar, denn sie trägt die individuellen Merkmale, Erfahrungen und Eigenschaften, die jeden Menschen zu einer besonderen Persönlichkeit formen. Die Jiva ist der Kern des individuellen Seins, der Träger der persönlichen Geschichte, der Wünsche, der Talente und der Lebensaufgaben. Sie ist der unveränderliche Punkt im ständigen Fluss des Lebens und der Veränderungen. Die Jiva ist in ihrer Essenz unsterblich und durchläuft verschiedene Lebenszyklen, in denen sie unterschiedliche Erfahrungen sammelt. Sie ist der Sitz des individuellen Karmas und trägt die Spuren der vergangenen Taten, Gedanken und Emotionen. In der Jiva sind sowohl die positiven als auch die negativen Erfahrungen gespeichert, die im Laufe der Zeit angesammelt wurden. Sie ist der Bereich, in dem die persönlichen Lernaufgaben und Herausforderungen liegen, die im aktuellen Leben bewältigt werden sollen.

## Techniken, die der Aurachirurg anwenden kann

In der Aurachirurgie gibt es spezielle Techniken zur Arbeit mit der Jiva. Eine dieser Methoden ist die „Seelenrückführung“, bei der der Therapeut den Patienten in einen meditativen Zustand versetzt, um Zugang zu vergangenen Leben oder zu im Selbst verwurzelten Blockaden zu erhalten. Durch das Erkennen und Lösen dieser Blockaden kann die Jiva befreit und harmonisiert werden.

Eine weitere Technik ist die „Karmische Reinigung“, bei der der Aurachirurg energetische Verstrickungen und Blockaden identifiziert, die aus dem individuellen Karma resultieren. Diese werden dann gelöst, um die Jiva von alten Lasten zu befreien und den Weg für neue Erfahrungen und Entwicklungen zu ebnen.

## Techniken für den alltäglichen Gebrauch

Für die tägliche Arbeit mit der Jiva eignen sich besonders gut Meditationstechniken, die auf die Erkundung der inneren Welt abzielen. Durch regelmäßige Selbstreflexion und Achtsamkeitsübungen sind Sie in der Lage, einen gründlicheren Zugang zur eigenen Seele zu finden. Auch das Führen eines Tagebuchs, in dem persönliche Gedanken, Träume und Erfahrungen festgehalten werden, kann hilfreich sein, um die eigene Jiva besser zu verstehen und zu harmonisieren.

Die Jiva bietet die Möglichkeit, die eigene Essenz zu erkennen und zu leben. Durch gezielte Techniken und Übungen kann dieser Bereich des Bewusstseins aktiviert und harmonisiert werden, was zu innerer Zufriedenheit und einem erfüllten Leben führt. Eine Technik, die sich besonders gut eignet, um den Bereich des Bewusstseins, der als Jiva bekannt ist, zu aktivieren und zu harmonisieren, ist die „Herz-Meditation“:

**Anleitung: Herz-Meditation**

Diese Meditation kann regelmäßig durchgeführt werden und hilft dabei, die Jiva zu aktivieren und zu harmonisieren. Sie fördert ein tiefes Gefühl der inneren Zufriedenheit und kann den Weg zu einem erfüllten Leben ebnen.

- Suchen Sie sich einen ruhigen Ort, an dem Sie für einige Minuten ungestört sein können. Setzen Sie sich bequem hin und schließen Sie die Augen.
- Atmen Sie ein und aus und lassen Sie mit jedem Atemzug mehr Anspannung los. Spüren Sie, wie Ihr Körper immer entspannter wird.
- Lenken Sie Ihre Aufmerksamkeit auf die Herzgegend. Stellen Sie sich vor, wie Ihr Herz in einem sanften Licht leuchtet.
- Visualisieren Sie, wie dieses Licht sich ausdehnt und Ihren gesamten Körper erfüllt. Stellen Sie sich vor, dass dieses Licht die Essenz Ihrer Jiva ist, die nun aktiviert wird.
- Lassen Sie das Licht in Ihrem Körper zirkulieren und alle Bereiche erreichen, die Harmonisierung benötigen. Sie können dabei eine Affirmation wie *„Ich bin im Einklang mit meiner wahren Essenz"* verwenden.
- Nehmen Sie sich einen Moment Zeit, um für diese Erfahrung der Verbindung und Harmonisierung dankbar zu sein.
- Atmen Sie ein und aus und wenn Sie bereit sind, öffnen Sie die Augen.

# MAHA-JIVA – DIE „GROẞE SEELE"

In der spirituellen Hierarchie der Aura-Schichten nimmt die Maha-Jiva eine besondere Stellung ein. Sie repräsentiert die „große Seele", in der alle Dualitäten und Gegensätze aufgelöst sind. In dieser höchsten Ebene der Aura verschmelzen die Grenzen von Zeit und Raum und es öffnet sich der Zugang zur kosmischen oder göttlichen Dimension. Die Maha-Jiva ist nicht nur die äußerste Hülle des göttlichen Selbst, sondern auch der Ausdruck des allgegenwärtigen Seins, das jenseits aller Begrenzungen existiert. Sie ist die Manifestation der Ewigkeit und der Unendlichkeit, die immer präsent ist.

Die Maha-Jiva ist die Ebene, auf der die individuelle Seele (Jiva) mit dem universellen Bewusstsein verschmilzt. Sie ist der Ort, an dem die individuellen Erfahrungen und das persönliche Karma in die Einheit des kosmischen Bewusstseins übergehen. In der Maha-Jiva wird die individuelle Seele zu einem Teil des universellen Ganzen und erlangt die Fähigkeit, die höchsten Wahrheiten und Erkenntnisse zu erfassen.

## Techniken, die der Aurachirurg anwenden kann

Für die Arbeit mit der Maha-Jiva stehen dem Aurachirurgen hochspezialisierte Techniken zur Verfügung. Eine der fortgeschrittensten Methoden ist die „Kosmische Anbindung", bei der der Therapeut die Energiezentren des Patienten mit den kosmischen Energiefeldern verbindet. Diese Technik ermöglicht es, die Schwingungsfrequenz der Aura zu erhöhen und den Zugang zur Maha-Jiva zu erleichtern.

Eine weitere Methode ist die „Göttliche Integration", bei der der Aurachirurg die Maha-Jiva des Patienten mit dem universellen göttlichen Bewusstsein verschmilzt. Diese Technik kann profunde Transformationen bewirken und den Patienten auf seinem spirituellen Weg enorm voranbringen.

## Techniken für den alltäglichen Gebrauch

Für die tägliche Arbeit mit der Maha-Jiva eignen sich besonders Meditationsformen, die auf die Erweiterung des Bewusstseins abzielen. Durch die Praxis der „Transzendentalen Meditation" oder der „Herz-Meditation" können Sie die Verbindung zur Maha-Jiva stärken und ihr näherkommen. Auch die Praxis des „Göttlichen Chantings", bei dem heilige Mantras rezitiert werden, kann die Schwingungsfrequenz der Aura erhöhen und den Zugang zur Maha-Jiva erleichtern.

Die Maha-Jiva ist die ultimative Ebene der Aura, die den Schlüssel zur göttlichen Einheit und zur Erkenntnis der höchsten Wahrheiten bietet. Durch gezielte Techniken und Übungen kann diese Ebene aktiviert und erforscht werden, was zu einer spirituellen Transformation und zur Erleuchtung führen kann.

# Konkrete Anwendungen

In diesem Kapitel steht die Vielfalt der Anwendungsmöglichkeiten der Aurachirurgie im Fokus. Es wird aufgezeigt, wie diese besondere Form der Energiearbeit in unterschiedlichen Lebensbereichen zur Anwendung kommen kann. Von der Linderung körperlicher Symptome über den Abbau von Stress bis hin zur spirituellen Entwicklung bietet die Aurachirurgie eine breite Palette an Optionen zur Verbesserung der Lebensqualität. Dabei werden konkrete Techniken und Methoden vorgestellt, die sowohl von professionellen Aurachirurgen als auch im Rahmen der Selbsthilfe im Alltag angewendet werden können. Ob es um das Entfernen von Allergien, das Ausbalancieren der Chakren oder die emotionale Heilung geht, dieses Kapitel bietet praxisnahe Anleitungen. Jedes Handlungsfeld wird durch drei klar und präzise beschriebene Techniken ergänzt, die eine unkomplizierte Anwendung ermöglichen.

# SCHMERZMANAGEMENT

Die Linderung von Schmerzen und Beschwerden ist ein Handlungsfeld, in dem die Aurachirurgie besonders effektiv sein kann. Hier sind drei praxisnahe Techniken, die zur Selbstanwendung geeignet sind:

**Anleitung: Energetische Punktmassage**
Diese Technik kann mehrmals täglich oder nach Bedarf angewendet werden. Sie ist besonders nützlich bei Muskelverspannungen oder Gelenkschmerzen.

- Suchen Sie sich einen ruhigen und bequemen Ort, an dem Sie ungestört sind. Setzen oder legen Sie sich in eine entspannte Position.
- Identifizieren Sie den Bereich, in dem der Schmerz lokalisiert ist. Legen Sie Ihre Handfläche oder Fingerspitzen sanft auf diese Stelle.
- Stellen Sie sich vor, wie aus Ihrer Handfläche oder den Fingerspitzen heilende Energie in die schmerzende Stelle fließt. Visualisieren Sie, wie diese Energie den Schmerz „aufsaugt".
- Führen Sie mit Ihrer Hand oder den Fingerspitzen sanfte kreisende Bewegungen auf der schmerzenden Stelle aus. Halten Sie dabei die Visualisierung der heilenden Energie aufrecht.
- Nach einigen Minuten beenden Sie die Massage und nehmen Ihre Hand weg. Spüren Sie nach, wie sich der behandelte Bereich anfühlt.
- Bedanken Sie sich innerlich für die Erfahrung und die Möglichkeit der Selbstheilung.

**Anleitung: Visualisierung der Schmerzentfernung**

Diese Technik kann bei akuten sowie chronischen Schmerzen angewendet werden und dient als ergänzende Maßnahme zur Schmerzlinderung.

- Wählen Sie einen ruhigen Ort, an dem Sie sich wohlfühlen und ungestört sind. Setzen oder legen Sie sich bequem hin und schließen Sie die Augen.
- Atmen Sie ein und aus, um sich zu entspannen. Fokussieren Sie sich auf Ihren Atem, um den Geist zu beruhigen.
- Identifizieren Sie den Bereich des Körpers, in dem der Schmerz sitzt. Richten Sie Ihre gesamte Aufmerksamkeit auf diese Stelle.
- Stellen Sie sich vor, wie der Schmerz als dunkle Wolke oder als klumpige Masse in diesem Bereich sitzt.
- Visualisieren Sie nun, wie ein Lichtstrahl von oben in den schmerzenden Bereich eindringt. Sehen Sie, wie dieses Licht die dunkle Wolke oder die klumpige Masse auflöst und in leichte, heilende Energie verwandelt.
- Stellen Sie sich vor, wie die transformierte Energie aus Ihrem Körper herausfließt, den Schmerz mit sich nimmt und in die Erde abgibt.
- Beenden Sie die Visualisierung und öffnen Sie die Augen. Spüren Sie in den behandelten Bereich hinein und nehmen Sie Veränderungen wahr.
- Schließen Sie die Übung mit einem Moment der inneren Dankbarkeit ab.

**Anleitung: Atemtechnik zur Schmerzkontrolle**

Diese Atemtechnik kann als schnelle und effektive Methode zur Schmerzkontrolle dienen. Sie ist besonders nützlich bei akuten Schmerzepisoden, kann aber auch bei chronischen Schmerzen hilfreich sein.

- Suchen Sie sich einen ruhigen und angenehmen Ort, an dem Sie für einige Minuten ungestört sein können. Setzen oder legen Sie sich in eine bequeme Position.
- Schließen Sie die Augen und lenken Sie Ihre Aufmerksamkeit auf den Bereich, in dem der Schmerz lokalisiert ist.
- Atmen Sie durch die Nase ein und zählen Sie dabei bis vier. Stellen Sie sich vor, wie der Atem als heilende Energie in den schmerzenden Bereich fließt.
- Halten Sie den Atem für sieben Sekunden an. Visualisieren Sie, wie die heilende Energie im schmerzenden Bereich wirkt und den Schmerz lindert.
- Atmen Sie langsam durch den Mund aus und zählen Sie dabei bis acht. Stellen Sie sich vor, wie der Schmerz mit dem Atem aus Ihrem Körper entweicht.
- Wiederholen Sie diesen Atemzyklus mindestens dreimal oder so oft, wie es angenehm für Sie ist.
- Nachdem Sie die Atemzyklen abgeschlossen haben, öffnen Sie die Augen und nehmen Ihren Körper bewusst wahr. Spüren Sie, ob und wie sich der Schmerz verändert hat.
- Beenden Sie die Übung, indem Sie sich einen Moment Zeit nehmen, um für das Erlebte und die erlangte Erleichterung dankbar zu sein.

## STRESSABBAU DURCH AURACHIRURGIE

Stress und Anspannung können das allgemeine Wohlbefinden erheblich beeinträchtigen. Aurachirurgie bietet auch hier effektive Ansätze zur Selbsthilfe. Die folgenden drei Techniken können im Alltag angewendet werden:

**Anleitung: Herzraum-Meditation**

- Suchen Sie sich einen ruhigen Ort, an dem Sie für einige Minuten ungestört sein können. Dies könnte ein ruhiges Zimmer, ein Park oder ein anderer Ort sein, an dem Sie sich wohlfühlen. Setzen Sie sich in eine bequeme Position, entweder auf einen Stuhl oder auf den Boden.
- Legen Sie beide Hände sanft auf die Brust, sodass die Handflächen das Herz berühren. Dies schafft eine physische Verbindung und fördert die Konzentration auf den Herzraum.
- Schließen Sie die Augen und richten Sie Ihre Aufmerksamkeit auf Ihren Herzschlag. Versuchen Sie, jede einzelne Herzschlagbewegung zu spüren, wie das Herz in Ihrer Brust pulsiert.
- Atmen Sie ruhig durch die Nase ein und aus. Versuchen Sie, den Atem mit dem Herzschlag zu synchronisieren, um eine tiefere Verbindung herzustellen.
- Stellen Sie sich vor, wie jede Zelle Ihres Körpers durch den Herzschlag mit positiver Energie versorgt wird. Visualisieren Sie, wie diese Energie sich im gesamten Körper ausbreitet.
- Öffnen Sie die Augen langsam und nehmen Sie sich einen Moment Zeit, um die Ruhe und Entspannung zu spüren, die sich eingestellt haben. Reflektieren Sie kurz über die Erfahrung und darüber, wie Sie sich jetzt fühlen.

**Anleitung: Energetische Erdung**

- Suchen Sie sich eine natürliche Oberfläche wie Gras, Erde oder Sand, auf der Sie barfuß stehen können. Der Kontakt mit der Erde fördert die Erdung.
- Stellen Sie sich aufrecht hin, die Füße sollten etwa hüftbreit auseinanderstehen. Legen Sie die Füße flach auf den Boden und spüren Sie den Kontakt zur Erde.
- Atmen Sie durch die Nase ein und durch den Mund wieder aus. Jeder Atemzug sollte etwa vier Sekunden dauern.
- Stellen Sie sich beim Ausatmen vor, wie alle Anspannungen, Stress und negative Gedanken durch die Füße in die Erde fließen. Visualisieren Sie, wie die Erde diese Energien aufnimmt und neutralisiert.
- Beenden Sie die Übung, indem Sie noch einmal ein- und ausatmen. Öffnen Sie die Augen und nehmen Sie die neu gewonnene Ruhe und Erdung bewusst wahr.

**Anleitung: Progressive Muskelentspannung**

- Finden Sie einen ruhigen Ort und setzen oder legen Sie sich in eine bequeme Position. Dies könnte auf einem Stuhl oder einer Matte auf dem Boden sein.
- Schließen Sie die Augen und richten Sie Ihre Aufmerksamkeit auf Ihren Körper. Versuchen Sie, alle äußeren Ablenkungen auszublenden.
- Beginnen Sie bei den Füßen und arbeiten Sie sich nach oben vor. Spannen Sie jede Muskelgruppe für etwa 5 bis 10 Sekunden fest an, aber ohne sich unwohl zu fühlen.
- Lassen Sie die Anspannung abrupt los und spüren Sie, wie die Muskeln sich entspannen. Genießen Sie dieses Gefühl für etwa 20 Sekunden, bevor Sie zur nächsten Muskelgruppe übergehen.
- Fahren Sie fort, alle Muskeln nacheinander in dieser Weise anzuspannen und zu entspannen. Dies schließt die Beine, den Bauch, die Arme, die Hände, den Nacken und das Gesicht ein.
- Wenn Sie alle Muskelgruppen durchgegangen sind, öffnen Sie die Augen und nehmen sich einen Moment Zeit, um das Gefühl der Entspannung und des Wohlbehagens zu genießen, das sich im gesamten Körper ausgebreitet hat.

Jede dieser Techniken bietet eine effektive Möglichkeit zur Stressbewältigung und kann leicht in den Alltag integriert werden. Sie sind einfach auszuführen und erfordern keine speziellen Hilfsmittel oder Vorkenntnisse.

# EMOTIONALE HEILUNG DURCH AURACHIRURGIE

Aurachirurgie bietet effektive Möglichkeiten zur Bewältigung emotionaler Traumata und Blockaden. Im Folgenden werden drei unterschiedliche Techniken zur Selbstanwendung vorgestellt:

**Anleitung: Visualisierung der emotionalen Reinigung**

Diese Technik der Visualisierung eignet sich besonders gut zur emotionalen Reinigung und kann bei der Bewältigung von Traumata oder emotionalen Blockaden unterstützen.

- Wählen Sie einen ruhigen Raum, in dem Sie für einige Minuten ungestört sein können. Machen Sie es sich bequem, entweder im Sitzen oder im Liegen.
- Schließen Sie die Augen und richten Sie Ihre Gedanken auf Ihren inneren Raum. Versuchen Sie, alle äußeren Ablenkungen auszublenden.
- Atmen Sie ruhig ein und aus. Lassen Sie mit jedem Atemzug mehr Anspannung los.
- Stellen Sie sich vor, wie eine klare, heilende Energie von oben in Ihren Körper eintritt und alle emotionalen Blockaden oder Traumata auflöst.
- Beenden Sie die Visualisierung, indem Sie langsam die Augen öffnen und sich bewusst werden, wie Sie sich jetzt fühlen. Nehmen Sie sich einen Moment, um die neu gewonnene emotionale Freiheit zu spüren.

**Anleitung: Atemtechnik zur emotionalen Entlastung**

Diese Atemtechnik kann zur emotionalen Entlastung beitragen und ist besonders hilfreich in stressigen oder emotional belastenden Situationen.

- Suchen Sie sich einen stillen Ort, an dem Sie für einige Minuten ungestört sein können. Setzen oder legen Sie sich in eine Position, die Ihnen angenehm ist.
- Lenken Sie Ihre Aufmerksamkeit auf den Atem und schließen Sie die Augen. Atmen Sie durch die Nase ein, halten Sie den Atem kurz an und atmen Sie dann langsam durch den Mund aus. Stellen Sie sich dabei vor, wie alle emotionalen Lasten mit dem Atem aus Ihnen herausfließen. Öffnen Sie die Augen und spüren Sie in sich hinein. Wie fühlen Sie sich jetzt? Nehmen Sie sich einen Moment Zeit, um die Veränderungen in Ihrem emotionalen Zustand wahrzunehmen.

**Anleitung: Anwendung ätherischer Öle**

Ätherische Öle können eine kraftvolle Unterstützung bei der emotionalen Heilung sein. Sie wirken direkt auf das limbische System und können so Emotionen positiv beeinflussen.

- Wählen Sie ein ätherisches Öl, das für seine beruhigenden oder stimmungsaufhellenden Eigenschaften bekannt ist, wie Lavendel, Bergamotte oder Kamille. Geben Sie ein paar Tropfen des ätherischen Öls in eine Duftlampe oder auf ein Wattepad.
- Atmen Sie den Duft ein und lassen Sie ihn auf sich wirken. Schließen Sie die Augen und konzentrieren Sie sich auf die Empfindungen, die der Duft in Ihnen auslöst. Während Sie den Duft einatmen, stellen Sie sich vor, wie die heilenden Eigenschaften des Öls Ihre emotionalen Blockaden lösen und Sie mit positiver Energie füllen.
- Öffnen Sie die Augen und nehmen Sie sich einen Moment Zeit, um die Wirkung des ätherischen Öls auf Ihren emotionalen Zustand zu reflektieren.

# LÖSCHEN NEGATIVER ZELLERINNERUNGEN DURCH AURACHIRURGIE

Negative Zellerinnerungen können sich als energetische Blockaden manifestieren und sowohl physische als auch emotionale Beschwerden verursachen. Aurachirurgie bietet hierfür Lösungsansätze. Im Folgenden werden drei Techniken zur Selbstanwendung vorgestellt, die bei der Beseitigung negativer Zellerinnerungen hilfreich sein können:

**Anleitung: Affirmationen für Zellregeneration**

Affirmationen sind positive Aussagen, die das Unterbewusstsein beeinflussen können. Sie sind besonders wirksam bei der Regeneration von Zellen und der Beseitigung negativer Zellerinnerungen.

- Suchen Sie einen Ort der Ruhe, an dem Sie sich vollkommen entspannen können. Setzen oder legen Sie sich in eine Position, die Ihnen angenehm ist. Schließen Sie die Augen und nehmen Sie einige Atemzüge, um sich zu zentrieren. Beginnen Sie, bewusst in den Bauch zu atmen. Spüren Sie, wie der Atem ein- und ausfließt. Lenken Sie Ihre Gedanken auf Ihren Körper und versuchen Sie, eventuelle Verspannungen oder energetische Blockaden zu lokalisieren.
- Überlegen Sie sich eine kraftvolle, positive Affirmation, die sich auf die Gesundheit und Vitalität Ihrer Zellen bezieht. Ein Beispiel könnte lauten: „Meine Zellen sind Quellen der Vitalität und Regeneration."
- Wiederholen Sie die gewählte Affirmation entweder laut oder in Gedanken. Stellen Sie sich dabei vor, wie die Energie der Worte in jede einzelne Zelle Ihres Körpers eindringt und dort heilend wirkt.
- Beenden Sie die Übung, indem Sie die Augen öffnen. Verweilen Sie einige Minuten in Stille und spüren Sie in sich hinein. Wie fühlt sich Ihr Körper an? Gibt es Veränderungen im energetischen Zustand?

**Anleitung: Farbtherapie**

Farben haben unterschiedliche Schwingungsfrequenzen und können daher die Zellenergie beeinflussen. Die Farbtherapie ist eine einfache, aber effektive Methode zur Beseitigung negativer Zellerinnerungen.

- Wählen Sie intuitiv eine Farbe aus, die Sie als positiv und heilend empfinden. Jede Farbe hat ihre eigene Schwingung und Wirkung.
- Schließen Sie die Augen und atmen Sie ein. Stellen Sie sich vor, wie ein Lichtstrahl in der gewählten Farbe von oben in Ihren Körper eintritt und sich in alle Zellen ausbreitet.
- Konzentrieren Sie sich darauf, wie das farbige Licht alle Zellen durchdringt und negative Erinnerungen oder Blockaden auflöst. Setzen Sie die Intention, dass diese Farbenergie heilend wirkt.
- Öffnen Sie die Augen und nehmen Sie sich einen Moment Zeit, um die Veränderungen in Ihrem energetischen Zustand zu bemerken. Fühlen Sie sich leichter oder freier?

**Anleitung: Tiefenentspannung und Zellkommunikation**

Tiefenentspannung ermöglicht es, auf zellulärer Ebene zu arbeiten und die Kommunikation zwischen den Zellen zu verbessern.

- Finden Sie einen ruhigen Raum, in dem Sie sich für etwa 20 Minuten ungestört entspannen können. Legen Sie sich bequem hin und schließen Sie die Augen. Beginnen Sie mit tiefen, gleichmäßigen Atemzügen. Atmen Sie durch die Nase ein und durch den Mund wieder aus. Lassen Sie mit jedem Atemzug mehr und mehr Anspannung los. Stellen Sie sich vor, wie alle Zellen in Ihrem Körper miteinander kommunizieren. Visualisieren Sie, wie negative Zellerinnerungen entfernt und durch positive Energie ersetzt werden.
- Kehren Sie langsam aus der Entspannung zurück. Öffnen Sie die Augen und bewegen Sie Finger und Zehen. Nehmen Sie sich einen Moment Zeit, um die Veränderungen in Ihrem Körper und Ihrer Energie wahrzunehmen.

## SPIRITUELLE ENTWICKLUNG

Die Förderung der spirituellen Entwicklung ist ein weiteres Handlungsfeld der Aurachirurgie. Durch gezielte energetische Eingriffe kann das Bewusstsein erweitert und die spirituelle Reise des Einzelnen beschleunigt werden. Im Folgenden werden drei Techniken zur Selbstanwendung vorgestellt, die bei der spirituellen Entwicklung unterstützend wirken können:

**Anleitung: Meditation zur Aktivierung des Dritten Auges**

Die Aktivierung des Dritten Auges ist ein Weg zur Erweiterung des Bewusstseins und zur Förderung der spirituellen Entwicklung. Diese Meditation kann Ihnen dabei helfen, Ihre intuitive Wahrnehmung zu schärfen.

- Wählen Sie einen ruhigen Ort, an dem Sie nicht gestört werden. Setzen Sie sich bequem hin und schließen Sie die Augen. Atmen Sie bewusst ein und aus, um sich zu zentrieren.
- Lenken Sie Ihre Aufmerksamkeit auf den Bereich zwischen Ihren Augenbrauen, den Sitz des Dritten Auges. Atmen Sie bewusst und gleichmäßig.
- Stellen Sie sich vor, wie ein violetter Lichtstrahl aus dieser Region herausstrahlt. Dieses Licht symbolisiert die Aktivierung Ihres Dritten Auges.
- Halten Sie diese Visualisierung aufrecht und lassen Sie das violette Licht immer stärker werden. Fühlen Sie, wie Ihre intuitive Wahrnehmung aktiviert wird.
- Öffnen Sie die Augen und nehmen Sie sich einen Moment Zeit, um die Erfahrung zu integrieren. Spüren Sie nach, ob sich Ihre Wahrnehmung verändert hat.

**Anleitung: Atemübung zur Anhebung der Schwingungsfrequenz**
Die Schwingungsfrequenz des Körpers ist ein Indikator für den spirituellen Zustand. Atemübungen können helfen, diese Frequenz anzuheben.

- Suchen Sie einen ruhigen Raum und setzen Sie sich bequem hin. Beginnen Sie mit einigen Atemzügen, um sich zu entspannen.
- Atmen Sie tief durch die Nase ein, halten Sie den Atem kurz an und atmen Sie dann langsam durch den Mund aus. Konzentrieren Sie sich darauf, den Atemfluss zu verlängern:

– Atmen Sie durch die Nase ein und zählen Sie dabei mental bis vier. Versuchen Sie, die Lunge vollständig mit Luft zu füllen, ohne sich jedoch unwohl zu fühlen.

– Halten Sie den Atem an und zählen Sie erneut bis vier. Während dieser Phase halten Sie die eingeatmete Luft in der Lunge. Dies ermöglicht einen besseren Gasaustausch und fördert die Entspannung.

– Atmen Sie durch den Mund aus und zählen Sie dabei bis sechs oder acht. Das Ausatmen sollte länger dauern als das Einatmen, um sicherzustellen, dass alle „alte" Luft und angesammelten Toxine vollständig aus der Lunge entfernt werden.

– Nach dem Ausatmen können Sie einen Moment innehalten, bevor Sie den Zyklus erneut beginnen. Auch hier können Sie bis vier zählen.

- Während des Atmens setzen Sie die Intention, Ihre Schwingungsfrequenz zu erhöhen. Visualisieren Sie, wie mit jedem Atemzug mehr Licht und positive Energie in Ihren Körper fließen.
- Beenden Sie die Übung mit einigen normalen Atemzügen und öffnen Sie die Augen.

– Wie fühlen Sie sich?

– Gibt es Veränderungen in Ihrer Energie?

**Anleitung: Visualisierung der Verbindung zum Höheren Selbst**

Die Verbindung zum Höheren Selbst ist essenziell für die spirituelle Entwicklung. Diese Visualisierung kann Ihnen helfen, diese Verbindung zu stärken.

- Finden Sie einen ruhigen Ort für die Übung. Setzen Sie sich bequem hin und schließen Sie die Augen.
- Nehmen Sie ein paar Atemzüge und lassen Sie alle Anspannungen los. Fokussieren Sie sich auf den gegenwärtigen Moment.
- Stellen Sie sich vor, wie ein Lichtstrahl von Ihrem Kronenchakra aus in den Himmel steigt und sich mit Ihrem Höheren Selbst verbindet.
- In dieser Verbindung können Sie Fragen stellen oder einfach die liebevolle Energie Ihres Höheren Selbst empfangen.
- Lösen Sie die Verbindung langsam auf und kehren Sie in Ihren physischen Körper zurück. Öffnen Sie die Augen und nehmen Sie sich einen Moment Zeit, um die Erfahrung zu reflektieren.

## KRANKHEITSPRÄVENTION DURCH AURACHIRURGIE

Die Aurachirurgie bietet nicht nur Möglichkeiten zur Heilung bestehender Beschwerden, sondern auch zur Vorbeugung von Krankheiten. Durch die Harmonisierung der energetischen Felder kann die Gesundheit gefördert und das Risiko für gesundheitliche Probleme minimiert werden. Im Folgenden werden drei spezifische Techniken zur Selbstanwendung vorgestellt, die zur Krankheitsprävention beitragen können:

**Anleitung: Energetische Reinigung des Wohnraums**

- Suchen Sie einen ruhigen Moment, in dem Sie ungestört sind. Schließen Sie alle Fenster und Türen und schalten Sie elektronische Geräte aus, um Störungen zu minimieren.
- Verwenden Sie Räucherwerk wie Salbei oder Weihrauch oder ätherische Öle wie Lavendel oder Zitronengras. Zünden Sie das Räucherwerk an oder geben Sie einige Tropfen des Öls in einen Diffusor.
- Bevor Sie mit der Reinigung beginnen, setzen Sie eine klare Intention, zum Beispiel: „Ich reinige diesen Raum von negativen Energien und fülle ihn mit Positivität."
- Gehen Sie mit dem Räucherwerk oder dem Diffusor durch jeden Raum und lassen Sie den Rauch oder Duft alle Bereiche erreichen. Konzentrieren Sie sich besonders auf Ecken und dunkle Stellen.
- Nachdem Sie jeden Raum gereinigt haben, öffnen Sie Fenster und Türen, um frische Luft hereinzulassen. Bedanken Sie sich innerlich oder laut für die durchgeführte Reinigung

**Anleitung: Tägliche Affirmationen für Gesundheit & Wohlstand**

• Finden Sie einen stillen Ort, an dem Sie sich entspannen können. Setzen oder legen Sie sich bequem hin und schließen Sie die Augen.

• Atmen Sie ein paar Male tief ein und aus, um sich zu zentrieren.

• Wählen Sie eine oder mehrere positive Affirmationen, die Gesundheit und Wohlstand fördern, zum Beispiel:

– „Ich bin voller Energie und Vitalität."

– „Wohlstand fließt mühelos in mein Leben."

– „Jeder Tag bringt neue Möglichkeiten."

– „Ich bin dankbar für die Fülle, die ich bereits besitze."

– „Mein Körper ist ein Tempel der Gesundheit."

– „Ich bin der Architekt meines Lebens; ich baue seine Grundlagen und wähle seine Inhalte."

– „Heute ist ein wundervoller Tag; ich wähle, ihn so zu erleben."

– „Ich bin mutig und stehe für mich selbst ein."

– „Meine Gedanken sind meine Realität, also denke ich an eine Welt, die ich gerne sehen möchte."

– „Ich bin umgeben von Liebe und allem, was gut ist."

• Sprechen Sie die Affirmationen laut oder leise aus. Visualisieren Sie, wie diese positiven Aussagen Ihre energetischen Felder durchdringen.

• Beenden Sie die Übung, indem Sie sich für die positiven Veränderungen bedanken, die bereits auf dem Weg zu Ihnen sind.

**Anleitung: Ernährungsbewusstsein zur Stärkung des Energiefeldes**

- Bevor Sie etwas essen, halten Sie einen Moment inne. Fragen Sie sich, ob dieses Lebensmittel Ihre Energie erhöhen oder senken wird.
- Achten Sie auf die Inhaltsstoffe der Lebensmittel, die Sie konsumieren. Vermeiden Sie Lebensmittel mit künstlichen Zusatzstoffen und Konservierungsstoffen.
- Integrieren Sie eine Vielzahl von farbenfrohen Früchten und Gemüsesorten in Ihre Ernährung. Diese enthalten oft die Vitamine und Mineralien, die Ihr Energiefeld stärken.
- Führen Sie vor dem Essen ein kurzes Dankgebet oder eine Dankbarkeitsübung durch, um die Nahrung energetisch aufzuwerten.
- Essen Sie langsam und genießen Sie jeden Bissen. Dies fördert nicht nur die Verdauung, sondern erhöht auch die positive Energie, die Sie aus der Nahrung ziehen.

# Aurahygiene

## DAS PRAXISKAPITEL FÜR ANGEHENDE AURACHIRURGEN

Die Arbeit eines Aurachirurgen ist nicht nur komplex, sondern auch energetisch anspruchsvoll. In diesem Berufsfeld ist es unerlässlich, sich nicht nur um die energetische Gesundheit der Patienten zu kümmern, sondern auch um die eigene. Die eigene Aura-Hygiene stellt eine Grundvoraussetzung für eine erfolgreiche und nachhaltige Praxis in der Aurachirurgie dar. Sie dient nicht nur dem Schutz vor negativen Energien, die im Kontakt mit Patienten aufgenommen werden könnten, sondern auch der Erhaltung der eigenen energetischen Gesundheit. Nur eine intakte und gut gepflegte Aura ermöglicht es dem Aurachirurgen, effektiv und mit voller Konzentration zu arbeiten.

Dieses Kapitel widmet sich intensiv der Aurahygiene und bietet angehenden Aurachirurgen praktische Anleitungen und Übungen, um die eigene Aura zu schützen und zu pflegen. Dabei wird auf verschiedene Aspekte eingegangen: von der Entfernung negativer Energien über den Aufbau eines energetischen Schutzschildes bis hin zu den inneren Werten, die für die Arbeit als Aurachirurg von Bedeutung sind.

Die hier vorgestellten Techniken und Übungen sind so konzipiert, dass sie leicht in den Alltag integriert werden können. Sie sind nicht nur für diejenigen gedacht, die bereits in der Aurachirurgie tätig sind, sondern auch für diejenigen, die sich auf diesem Gebiet weiterbilden möchten. Die Bedeutung von Offenheit, Ehrlichkeit und Mitgefühl in der Aura-Arbeit wird ebenfalls erörtert, um eine ganzheitliche Perspektive auf dieses wichtige Thema zu bieten.

## WARUM DIE EIGENE AURA-HYGIENE SO BEDEUTEND IST

Die Aura ist nicht nur ein Spiegel des inneren Zustands, sondern auch ein Empfänger und Sender von Energien. In der täglichen Praxis der Aurachirurgie kommen Sie mit einer Vielzahl von Energien in Kontakt, die von Patienten ausgehen. Diese Energien können sowohl positiv als auch negativ sein und haben das Potenzial, den eigenen energetischen Zustand zu beeinflussen. Daher ist es von höchster Relevanz, die eigene Aura in einem Zustand der Reinheit und Stabilität zu halten.

## UNVERSEHRT UNTER DEM EINFLUSS VIELER ENERGIEN

Die Arbeit als Aurachirurg bringt eine Vielzahl von Interaktionen mit sich, denn jeder Patient bringt ein eigenes, einzigartiges energetisches Muster mit, das sich in seiner Aura widerspiegelt. Diese energetischen Muster können von vielfältiger Natur sein, von friedvollen und harmonischen Schwingungen bis hin zu chaotischen oder sogar destruktiven Energien.

So wird die eigene Aura zu einer Art energetischer Schnittstelle, an der die Energien des Aurachirurgen und des Patienten aufeinandertreffen. Ohne angemessene Vorsichtsmaßnahmen kann diese Begegnung zu einer Übertragung unerwünschter Energien führen. Diese Übertragung kann subtil und unbemerkt erfolgen, aber ihre Auswirkungen können weitreichend sein. Es ist nicht ungewöhnlich, dass sich nach einer solchen Interaktion Symptome wie Erschöpfung, Reizbarkeit oder sogar körperliche Unpässlichkeiten einstellen. In schwerwiegenderen Fällen kann dies sogar die eigene Fähigkeit zur Heilung beeinträchtigen und die Effektivität als Aurachirurg mindern.

Deshalb sollte die eigene Aura als ein geschützter Raum betrachtet werden, der sorgfältig gepflegt und bewacht werden muss. Dies beinhaltet regelmäßige Reinigungsrituale, energetische Abschirmungen und das bewusste Setzen von energetischen Grenzen. Durch diese Maßnahmen wird die eigene Aura zu einer Art energetischer „Sicherheitszone", die es ermöglicht, sich sicher und effektiv in der Welt der Energien zu bewegen. Die regelmäßige Pflege der eigenen Aura stellt somit auch eine berufliche Notwendigkeit dar. Sie qualifiziert den Aurachirurgen dazu, seine Tätigkeit mit höchster Integrität und Effizienz auszuüben, sowohl zum Vorteil der Patienten als auch für die eigene Zufriedenheit. In diesem Kontext erweist sich die Aura-Hygiene als unverzichtbare Ressource im Repertoire jedes Aurachirurgen.

## DIE VERBINDUNG ZU SICH SELBST AUFRECHTERHALTEN

In der Rolle des Aurachirurgen ist ein grundlegendes Verständnis für die energetischen und emotionalen Zustände sowohl des Patienten als auch des Therapeuten erforderlich. Hierbei fungiert die eigene Intuition als unersetzliche Orientierungshilfe. Sie agiert als innerer Kompass, der den Aurachirurgen durch die vielschichtigen energetischen Gegebenheiten navigiert, die jeder Patient mitbringt.

Wenn die eigene Aura durch die Einflüsse externer Energien getrübt oder gar beschädigt wird, kann dies zu einer Art „innerem Nebel" führen. Dieser Nebel kann die Wahrnehmung trüben und die Fähigkeit, klare und präzise intuitive Einsichten zu gewinnen, beeinträchtigen. In solchen Momenten kann es schwierig werden, die subtilen Hinweise und Botschaften zu erkennen, die oft den Schlüssel zur effektiven Heilung darstellen. Darüber hinaus kann eine beeinträchtigte Aura das Selbstbewusstsein und die Selbstsicherheit untergraben, was wiederum die Qualität der therapeutischen Beziehung und damit die Heilungschancen des Patienten beeinträchtigen kann. Eine gut gepflegte Aura fungiert als eine Art energetischer Spiegel, der die innere Welt des Aurachirurgen klar und unverzerrt reflektiert. In diesem Zustand der Klarheit wird es einfacher, auf die eigene innere Weisheit zuzugreifen und Entscheidungen zu treffen, die sowohl für den Patienten als auch für den Therapeuten vorteilhaft sind. Eine saubere Aura fördert nicht nur die geistige Klarheit, sondern auch das emotionale Gleichgewicht, was es dem Aurachirurgen ermöglicht, mit einer ruhigen und fokussierten Präsenz zu arbeiten.

## NEGATIVE ENERGIEN ENTFERNEN

In der täglichen Praxis der Aurachirurgie ist es unerlässlich, sich selbst vor negativen Energien zu schützen und die eigene Aura in einem optimalen Zustand zu halten. Dieses Kapitel stellt zwei effektive Techniken vor, die dabei helfen können, die Aura von störenden oder schädlichen Energien zu befreien. Die erste Methode, die Visualisierung eines Lichtschilds, nutzt die Macht der Gedanken, um ein schützendes Energiefeld zu erschaffen. Die zweite Technik, das Pendeln, dient der intuitiven Erkennung und Beseitigung energetischer Blockaden. Beide Übungen sind so konzipiert, dass sie leicht in den Alltag integriert werden können. Sie sind nicht nur für die eigene energetische Hygiene von Bedeutung, sondern tragen auch zur Effektivität und Qualität der Heilungsarbeit bei.

### Übung 1: Visualisierung eines Lichtschilds

Diese Übung kann täglich oder bei Bedarf durchgeführt werden. Sie ist besonders nützlich vor oder nach energetisch intensiven Begegnungen und kann auch in Kombination mit anderen Techniken angewendet werden.

#### Ziel der Übung

Diese Übung zielt darauf ab, ein schützendes Energiefeld um die eigene Aura zu erschaffen. Durch die Visualisierung eines Lichtschilds wird eine Barriere gegen negative Energien aufgebaut.

#### Benötigte Materialien

– ein ruhiger Ort, an dem Sie ungestört sind
– bequeme Kleidung
– optional: beruhigende Hintergrundmusik oder Naturgeräusche

#### Anleitung

- Wählen Sie einen ruhigen Ort, an dem Sie sich wohlfühlen und ungestört sind. Schalten Sie Ihr Telefon aus oder stellen Sie es auf stumm. Zünden Sie optional eine Kerze an oder spielen Sie leise beruhigende Musik ab.
- Setzen oder legen Sie sich in eine bequeme Position. Schließen Sie die Augen und nehmen Sie ein paar tiefe Atemzüge, um sich zu entspannen.
- Stellen Sie sich vor, wie Wurzeln aus Ihren Füßen in die Erde wachsen. Spüren Sie, wie Sie durch diese Verbindung geerdet werden und wie alle negativen Energien in die Erde abfließen.
- Konzentrieren Sie sich auf Ihren Atem. Atmen Sie tief ein und aus und lassen Sie mit jedem Ausatmen Anspannungen und Sorgen los.

- Stellen Sie sich vor, wie ein helles, schützendes Licht aus Ihrem Herzzentrum herausstrahlt. Lassen Sie dieses Licht größer werden, bis es Ihren gesamten Körper und Ihre Aura umhüllt.
- Visualisieren Sie, wie das Licht immer stärker wird. Stellen Sie sich vor, wie es eine feste, undurchdringliche Barriere bildet, die Sie vor negativen Energien schützt.
- Verweilen Sie einige Minuten in dieser Visualisierung und spüren Sie, wie das Lichtschild seine Wirkung entfaltet. Wenn Sie bereit sind, öffnen Sie langsam die Augen und kehren in den Alltag zurück.
- Trinken Sie ein Glas Wasser und notieren Sie Ihre Erfahrungen in einem Tagebuch. Dies hilft, den Effekt der Übung zu verstärken und Ihre Beobachtungen für zukünftige Sitzungen festzuhalten.

## Übung 2: Pendelreinigung der Aura

Diese Übung kann je nach Bedarf wiederholt werden und ist besonders effektiv, wenn sie regelmäßig durchgeführt wird. Sie eignet sich hervorragend als Ergänzung zu anderen energetischen Reinigungsmethoden.

### Ziel der Übung

Diese Übung dient der Reinigung der Aura mithilfe eines Pendels. Das Pendel fungiert als Instrument, das die feinstofflichen Energien in der Aura wahrnehmen und harmonisieren kann.

### Benötigte Materialien

- ein Pendel Ihrer Wahl (vorzugsweise aus Quarz oder einem anderen Edelstein)
- ein ruhiger, ungestörter Raum
- bequeme Kleidung

**Anleitung**

- Suchen Sie sich einen ruhigen Ort, an dem Sie sich wohlfühlen und nicht gestört werden. Schalten Sie alle störenden Geräte aus und sorgen Sie für eine angenehme Atmosphäre, eventuell mit sanfter Musik oder Duftkerzen.
- Halten Sie das Pendel unter fließendes kaltes Wasser, um es energetisch zu reinigen. Trocknen Sie es danach sorgfältig ab.
- Setzen Sie sich bequem hin und legen Sie das Pendel vor sich auf einen Tisch oder in Ihren Schoß.
- Schließen Sie die Augen und nehmen Sie einige tiefe Atemzüge. Stellen Sie sich vor, wie Sie durch die Füße mit der Erde verbunden sind und wie alle negativen Energien abfließen.
- Nehmen Sie das Pendel in die Hand und bitten Sie innerlich um Führung und Schutz während der Reinigung.
- Halten Sie das Pendel etwa 15 bis 20 cm über den Kopf und lassen Sie es frei schwingen. Beobachten Sie die Bewegungen und folgen Sie intuitiv dem Verlauf Ihrer Aura, von oben nach unten.
- Wenn das Pendel in eine bestimmte Richtung ausschlägt oder seine Bewegung ändert, verweilen Sie an dieser Stelle und visualisieren, wie die gestörte Energie durch das Pendel aufgenommen und in positive Energie umgewandelt wird.
- Wenn das Pendel wieder in einer gleichmäßigen Bewegung schwingt, ist die Reinigung abgeschlossen. Bedanken Sie sich innerlich für die Unterstützung und legen Sie das Pendel beiseite.
- Nehmen Sie sich einen Moment Zeit, um die Veränderungen in Ihrer Aura wahrzunehmen. Atmen Sie tief durch und erden Sie sich erneut, indem Sie sich vorstellen, wie Ihre Füße tief in die Erde wachsen.
- Reinigen Sie das Pendel erneut unter fließendem Wasser und bewahren Sie es an einem für Sie besonderen Ort auf. Trinken Sie ein Glas Wasser, um den Reinigungsprozess abzuschließen.

# EINEN STARKEN SCHUTZSCHILD BILDEN

In der Aurachirurgie ist die Fähigkeit zur energetischen Abgrenzung nicht nur eine nützliche Fertigkeit, sondern eine Notwendigkeit. Die Arbeit mit den Auren und Energiefeldern anderer Menschen erfordert ein hohes Maß an Sensibilität und Offenheit. Diese Offenheit kann jedoch auch dazu führen, dass die eigenen Energiefelder anfällig für externe Einflüsse werden. Daher ist es von höchster Bedeutung, Mechanismen zur energetischen Abgrenzung zu entwickeln und anzuwenden.

Die energetische Abgrenzung dient in erster Linie dem Schutz des eigenen Energiefeldes. In der Interaktion mit Patienten oder anderen Menschen ist die eigene Aura ständig verschiedenen Energien ausgesetzt. Einige dieser Energien können störend oder sogar schädlich sein. Ohne eine klare Abgrenzung können diese Energien das eigene Wohlgefühl, die Intuition und sogar die physische Gesundheit beeinträchtigen.

## Praxisübung zur Selbstanwendung: Energetischer Schutzschild

### Benötigte Materialien

- ein ruhiger, ungestörter Raum
- bequeme Kleidung
- ein Stuhl oder eine Sitzgelegenheit

**Anleitung**

- Wählen Sie einen ruhigen Raum, in dem Sie ungestört sind. Schaffen Sie eine angenehme Atmosphäre, vielleicht mit gedämpftem Licht oder beruhigender Musik. Setzen Sie sich bequem auf einen Stuhl, die Füße sind flach auf dem Boden, die Hände liegen locker auf den Oberschenkeln.
- Schließen Sie die Augen und nehmen Sie einige tiefe Atemzüge. Stellen Sie sich vor, wie Wurzeln aus Ihren Füßen in die Erde wachsen und Sie fest und sicher verankern. Stellen Sie sich vor, wie eine leuchtende Kugel aus Licht in Ihrem Herzzentrum entsteht. Lassen Sie diese Kugel größer werden, bis sie Ihren gesamten Körper umgibt.
- Visualisieren Sie, wie das Licht immer dichter und stärker wird, bis es undurchdringlich ist. Sie können sich auch vorstellen, dass dieser Lichtschutzschild aus einem speziellen Material besteht, das nur positive Energien durchlässt.
- Sobald Sie das Gefühl haben, dass Ihr Schutzschild fest und stabil ist, verankern Sie ihn mit Ihrer Absicht. Sagen Sie innerlich einen Satz wie: „Dieser Schutzschild schützt mich vor allen fremden Energien und lässt nur Liebe und Heilung zu."
- Nehmen Sie sich einen Moment Zeit, um die neue Energie zu spüren. Öffnen Sie dann langsam die Augen und nehmen Sie Ihre Umgebung wieder wahr.
- Trinken Sie ein Glas Wasser, um die Übung abzuschließen und sich wieder vollständig im Hier und Jetzt zu verankern.

Wenn die eigene Aura nicht ausreichend geschützt ist, besteht die Gefahr, dass persönliche Themen und Emotionen mit den Anliegen der Patienten vermischt werden. Dies kann die Intuition trüben und die Effektivität der Behandlung beeinträchtigen. Daher ist es unerlässlich, vor jeder Behandlungssitzung sicherzustellen, dass die eigene energetische „Sicherheitszone" intakt ist.

## Die innere Haltung für erfolgreiche Aura-Arbeit

Die Qualität der Aura-Arbeit hängt nicht nur von der technischen Expertise und dem Wissen über energetische Systeme ab, sondern in hohem Maße auch von der inneren Haltung des Aurachirurgen. Diese innere Einstellung ist das unsichtbare Fundament, auf dem die gesamte Praxis aufbaut. Sie beeinflusst nicht nur die Interaktion mit den Patienten, sondern auch die Effektivität der angewandten Techniken und Methoden. Ein Aurachirurg muss über eine ausgeprägte Selbstkenntnis verfügen. Nur wer sich selbst gut kennt, kann auch die Energiefelder anderer Menschen verstehen und beeinflussen. Diese Selbstkenntnis ermöglicht es, die eigenen Grenzen zu erkennen und zu respektieren, was für die energetische Arbeit von großer Bedeutung ist. Zudem ist eine gewisse Demut erforderlich. Die Fähigkeit, in die Aura eines anderen Menschen einzudringen, ist mit großer Verantwortung verbunden. Ein respektvoller Umgang mit dieser Verantwortung erfordert eine demütige Haltung, die die Würde und Integrität des Patienten in den Vordergrund stellt. Ein weiterer zentraler Pfeiler der inneren Haltung ist die Authentizität. Ein Aurachirurg sollte authentisch in seinem Handeln sein, denn nur so kann ein vertrauensvolles Verhältnis zum Patienten aufgebaut werden. Authentizität schafft eine Atmosphäre der Sicherheit und des Vertrauens, die für die Aura-Arbeit unerlässlich ist. Ebenso unverzichtbar ist die Fähigkeit zur Selbstreflexion. Nach jeder Sitzung sollte Zeit für die Reflexion eingeplant werden, um die eigene Arbeit und die Reaktionen des Patienten zu analysieren. Dies fördert nicht nur die persönliche Entwicklung, sondern auch die Qualität der Heilungsarbeit. Die innere Haltung des Aurachirurgen ist also eine komplexe Mischung aus Selbstkenntnis, Demut, Authentizität und Selbstreflexion. Diese Qualitäten bilden das Herzstück der Aura-Arbeit und sollten daher in der Ausbildung und Praxis eines jeden Aurachirurgen eine zentrale Rolle spielen.

## Offenheit und Ehrlichkeit

Offenheit und Ehrlichkeit sind zwei grundlegende Tugenden, die in der Aura-Arbeit nicht unterschätzt werden dürfen. Sie bilden die Basis für eine vertrauensvolle Beziehung zwischen dem Aurachirurgen und dem Patienten und sind somit entscheidend für den Erfolg der Behandlung. Offenheit in der Aura-Arbeit bedeutet, sich für die individuellen Bedürfnisse und Probleme des Patienten zu öffnen und ohne Vorurteile oder vorgefertigte Meinungen an die Arbeit heranzugehen. Jeder Mensch ist einzigartig und seine energetischen Muster sind es ebenso. Eine offene Haltung ermöglicht es dem Aurachirurgen, sich voll und ganz auf den jeweiligen Patienten einzulassen und die bestmögliche Behandlung zu finden. Offenheit fördert auch die Bereitschaft, neue Methoden und Techniken zu erlernen und anzuwenden, was für die stetige Weiterentwicklung in diesem Fachgebiet unerlässlich ist. Ehrlichkeit ist ebenfalls von zentraler Bedeutung. Sie bezieht sich nicht nur auf die Interaktion mit dem Patienten, sondern auch auf die eigene Selbsteinschätzung. Ein ehrlicher Aurachirurg ist sich seiner Fähigkeiten, aber auch seiner Grenzen bewusst. Er macht keine falschen Versprechungen und stellt keine Diagnosen, die über sein Fachwissen hinausgehen. Ehrlichkeit schafft Klarheit, sowohl für den Aurachirurgen selbst als auch für den Patienten. Sie ist die Grundlage für realistische Erwartungen und damit für eine erfolgreiche Behandlung. Diese beiden Tugenden sind also nicht nur ethische Grundsätze, sondern auch praktische Werkzeuge, die den Aurachirurgen in seiner Arbeit unterstützen. Sie erleichtern die Herstellung einer intensiven Verbindung zum Patienten und legen den Grundstein für eine wirksame und langanhaltende Heilung. In einer Welt, die immer komplexer und unübersichtlicher wird, sind diese Tugenden wichtiger denn je und sollten in der Aura-Arbeit stets einen hohen Stellenwert haben.

## Die Bedeutung von Mitgefühl und Mitleid

Mitgefühl und Mitleid sind weitere essenzielle Eigenschaften, die in der Aura-Arbeit von großer Relevanz sind. Sie bilden das emotionale Fundament, auf dem die Beziehung zwischen dem Aurachirurgen und dem Patienten aufgebaut ist, und haben einen direkten Einfluss auf die Qualität der Behandlung. Mitgefühl, oft als die Fähigkeit definiert, sich in die Gefühle und Erfahrungen eines anderen hineinzuversetzen, bildet die Grundlage für eine authentische Verbindung. Es ermöglicht dem Aurachirurgen, die Bedürfnisse und Sorgen des Patienten besser zu verstehen und eine individuell zugeschnittene Behandlung anzubieten. Mitgefühl ist eine aktive Haltung, die den Aurachirurgen dazu befähigt, die energetischen Ungleichgewichte und Blockaden des Patienten nicht nur zu erkennen, sondern auch effektiv zu behandeln.

Mitleid, oft missverstanden als bloße Traurigkeit für jemand anderen, geht in diesem Zusammenhang weit darüber hinaus. Es ist die Fähigkeit, die Leiden des anderen zu erkennen und den Wunsch zu verspüren, diese Leiden zu lindern. Mitleid in der Aura-Arbeit bedeutet, die Verantwortung für das Wohl des Patienten zu übernehmen und alles in der eigenen Macht Stehende zu tun, um Heilung und Erleichterung zu bringen. Es ist ein Antrieb, der den Aurachirurgen in seiner Arbeit bestärkt und ihm die notwendige Energie gibt, auch in schwierigen Fällen nicht aufzugeben. Beide Eigenschaften, Mitgefühl und Mitleid, sind nicht nur für die Beziehung zum Patienten wichtig, sondern auch für die persönliche Entwicklung des Aurachirurgen. Sie fördern die Selbstreflexion und die Fähigkeit, auch die eigenen emotionalen und energetischen Zustände wahrzunehmen und zu regulieren. Dies ist von unschätzbarem Wert, da ein Aurachirurg, der in der Lage ist, sich selbst zu regulieren, auch besser in der Lage ist, seine Patienten effektiv zu behandeln.

# Bonus: Aura-Booster im Alltag

In diesem Kapitel steht eine Reihe von praxisnahen Strategien und Tipps im Fokus, die dazu beitragen, die Aura im täglichen Leben zu stärken und zu schützen. Es geht dabei um weit mehr als die professionelle Tätigkeit als Aurachirurg. Von der bewussten Auswahl nahrhafter Lebensmittel bis zur Fähigkeit, Stimmungen treffsicher zu interpretieren und sich vor negativen Einflüssen zu bewahren, bietet dieses Kapitel einen umfassenden Leitfaden. Hier werden Techniken vorgestellt, die helfen, die Bedürfnisse von sprachlosen Personen zu erkennen, sowie Methoden zur Schärfung der eigenen Intuition. Zudem gibt es wertvolle Hinweise, wie Sie sich vor Elektrosmog schützen können, und sogar Anregungen, um persönliche Wünsche in die Realität umzusetzen.

## DIE WAHL DER RICHTIGEN NAHRUNGSMITTEL

Die Ernährung spielt eine oft unterschätzte, aber grundlegende Rolle für die Qualität der Aura. Was auf den Teller kommt, beeinflusst nicht nur den physischen Körper, sondern auch die energetischen Schichten. Nahrungsmittel sind Träger von Energien und Informationen, die direkt auf die Aura wirken können. Beispielsweise haben frische, biologisch angebaute Lebensmittel eine höhere Schwingungsfrequenz als verarbeitete oder künstlich hergestellte Produkte. Obst und Gemüse, direkt aus der Erde, können die Aura mit positiver Energie aufladen.

Im Gegensatz dazu können Fast Food und stark verarbeitete Lebensmittel die Aura energetisch belasten und zu einem Gefühl der Trägheit oder sogar zu energetischen Blockaden führen.

Es empfiehlt sich, auf eine ausgewogene Ernährung zu achten, die reich an Vitaminen, Mineralstoffen und Antioxidantien ist. Diese Nährstoffe unterstützen nicht nur die physische Gesundheit, sondern tragen auch dazu bei, die Aura zu stärken und energetisch auszugleichen. Ein weiterer Tipp ist die Integration von Superfoods wie Spirulina, Chiasamen oder Goji-Beeren in den Speiseplan. Diese Nahrungsmittel sind wahre Energiebomben und können die Aura positiv beeinflussen. Auch die Art und Weise, wie die Nahrung zubereitet wird, hat ihre Bedeutung. Ein liebevoll zubereitetes Mahl kann die Aura auf eine Weise nähren, die über die rein physische Ebene hinausgeht. Es lohnt sich, beim Kochen bewusst und achtsam zu sein, vielleicht sogar eine kleine Dankbarkeitsübung vor dem Essen zu machen, um die Nahrung energetisch aufzuwerten.

Zusätzlich kann die Verwendung von Gewürzen wie Kurkuma, Ingwer oder Zimt nicht nur den Geschmack der Mahlzeiten verbessern, sondern auch die Aura energetisch reinigen und stärken. Diese Gewürze haben nicht nur antioxidative Eigenschaften, sondern wirken sich auch positiv auf die energetischen Ebenen aus.

| Kategorie | Lebensmittel und Gewürze | Zusätzliche Informationen |
|---|---|---|
| frische, biologische Lebensmittel | Äpfel, Beeren, Karotten, Spinat, Brokkoli, Avocado, Tomaten, Gurken | hohe Schwingungsfrequenz, reich an Vitaminen und Mineralstoffen |
| verarbeitete Lebensmittel | zu vermeiden: Fast Food, Fertiggerichte, gezuckerte Getränke, Konserven | können die Aura energetisch belasten und zu Trägheit führen |
| Superfoods | Spirulina, Chiasamen, Goji-Beeren, Quinoa, Acai-Beeren, Moringa, Maca-Wurzel | Energiebomben, die die Aura positiv beeinflussen |
| Zubereitung | liebevolles Kochen, Dankbarkeitsübung, achtsames Essen, Dampfgaren, Rohkost | nährt die Aura über die physische Ebene hinaus |
| Gewürze und Kräuter | Kurkuma, Ingwer, Zimt, Rosmarin, Basilikum, Oregano, Thymian, Kardamom, Pfefferminze, Lavendel | antioxidative Eigenschaften, energetische Reinigung und Stärkung der Aura |

## STIMMUNGEN LESEN

Das Erkennen und Verstehen von Stimmungen ist eine Fähigkeit, die in der Aurachirurgie von unschätzbarem Wert ist. Es geht hierbei nicht nur um die Interpretation verbaler oder körperlicher Signale, sondern auch um die Wahrnehmung energetischer Schwingungen, die von einer Person ausgehen. Diese energetischen Signale sind Teil der Aura und können viel über den emotionalen und psychischen Zustand eines Menschen verraten. Die Fähigkeit, Stimmungen zu lesen, ist besonders nützlich in der Interaktion mit Patienten. Oftmals können Worte allein nicht ausdrücken, was eine Person wirklich fühlt oder benötigt. Ein geschultes Auge und eine sensible Wahrnehmung können hierbei helfen, tiefergehende Einsichten in die Bedürfnisse und Herausforderungen des Patienten zu gewinnen. Dies ermöglicht eine viel präzisere und individuell abgestimmte Behandlung. Es gibt verschiedene Methoden, um die Fähigkeit des Stimmungslesens zu schärfen. Eine davon ist die bewusste Praxis der Achtsamkeit. Durch das gezielte Fokussieren der eigenen Aufmerksamkeit auf den gegenwärtigen Moment wird die Wahrnehmung geschärft. Dies erlaubt es, feinere energetische Schwingungen wahrzunehmen und besser zu interpretieren. Ein weiterer Ansatz ist die Schulung der Intuition. Jeder Mensch besitzt intuitive Fähigkeiten, doch oft werden diese im Alltag übersehen oder nicht genutzt. Durch gezielte Übungen, wie etwa Meditation oder bewusste Atmung, kann die Intuition gestärkt und die Fähigkeit, Stimmungen zu lesen, verbessert werden.

Auch die Kenntnis von Körpersprache und Mikroexpressionen kann beim Lesen von Stimmungen hilfreich sein. Diese nonverbalen Signale können Aufschluss darüber geben, ob eine Person gestresst, entspannt, glücklich oder traurig ist, und somit wertvolle Informationen für die energetische Arbeit liefern. In der Aurachirurgie fördert die Fertigkeit, Stimmungen zu lesen, eine intensivere Beziehung und ein verbessertes Verständnis zwischen dem Aurachirurgen und dem

Patienten. Durch diese spezielle Fähigkeit kann die Qualität der Aura-Arbeit signifikant gesteigert und die Effektivität der Behandlung erhöht werden.

## BEDÜRFNISSE DER SPRACHLOSEN ERKENNEN

In der täglichen Praxis der Aurachirurgie und im alltäglichen Leben begegnen Sie nicht nur Menschen, die ihre Bedürfnisse und Gefühle verbal ausdrücken können. Es gibt auch jene, die aus verschiedenen Gründen „sprachlos“ sind. Dies können Kinder sein, Menschen mit Kommunikationsstörungen oder auch Tiere. Ihre Aura spricht jedoch eine klare Sprache und es ist möglich, diese zu lesen und zu interpretieren. Achten Sie auf die Körpersprache der Person oder des Tieres. Jede Bewegung, jede Geste und jeder Blick kann Aufschluss darüber geben, was in der Aura vorgeht. Die Körpersprache ist oft ein direkter Ausdruck der energetischen Zustände und kann viel darüber verraten, was die sprachlose Person oder das Tier gerade benötigt oder fühlt.

Die Fähigkeit, die Aura und die energetischen Zustände anderer zu lesen, kann durch regelmäßige Übung verbessert werden. Versuchen Sie, sich in die Lage der sprachlosen Person oder des Tieres zu versetzen. Was würden Sie fühlen, wenn Sie an ihrer bzw. seiner Stelle wären? Diese Übung kann die intuitive Wahrnehmung schärfen und die Fähigkeit verbessern, die Bedürfnisse der Sprachlosen zu erkennen. Eine weitere Methode ist das sogenannte Aura-Scanning.

**Definition: Aura-Scanning**
Dabei handelt es sich um eine Technik, bei der die Handflächen einige Zentimeter über den Körper der sprachlosen Person oder des Tieres geführt werden. So können energetische Unausgewogenheiten oder Blockaden gespürt werden. Diese Technik erfordert etwas Übung, aber mit der Zeit werden Sie immer sicherer in der Interpretation der wahrgenommenen Energien.

Empathie und Geduld sind in diesem Kontext unerlässlich. Es ist nicht immer einfach, die Bedürfnisse der Sprachlosen sofort zu erkennen. Manchmal ist es ein Prozess, der Zeit und Geduld erfordert. Empathie ermöglicht es, sich in die Gefühlswelt des anderen hineinzuversetzen und so besser zu verstehen, was benötigt wird. Wenn Sie glauben, die Bedürfnisse der sprachlosen Person oder des Tieres erkannt zu haben, können Sie entsprechende Maßnahmen ergreifen. Dies könnte eine energetische Behandlung sein, aber auch einfache Dinge wie eine Umarmung, das Anbieten von Nahrung oder das Schaffen einer ruhigen Umgebung können bereits viel bewirken.

Das Erkennen der Bedürfnisse der Sprachlosen ist eine Fähigkeit, die nicht nur in der Aurachirurgie von großem Nutzen ist, sondern auch im täglichen Leben. Sie fördert die Verbindung zwischen den Lebewesen und trägt zu einem harmonischeren Miteinander bei. Es ist eine Fähigkeit, die das Leben bereichert und die Welt ein kleines Stück besser macht.

## DER „AURA-SENSOR" – WAS IHNEN GUTTUT

In der Welt der Aurachirurgie und des energetischen Heilens ist es von großer Bedeutung, ein Gespür dafür zu entwickeln, was der eigenen Aura guttut. Dieses Gespür könnte als eine Art „Aura-Sensor" bezeichnet werden. Es handelt sich dabei um die Fähigkeit, intuitiv zu erkennen, welche Menschen, Orte oder Aktivitäten die eigene Aura stärken oder schwächen. Ein gut entwickelter „Aura-Sensor“ kann dabei helfen, die Lebensqualität deutlich zu steigern und das eigene Wohlbefinden zu fördern.

Beginnen Sie damit, Ihre eigenen Reaktionen und Gefühle in verschiedenen Situationen bewusst wahrzunehmen. Wie fühlen Sie sich in der Gesellschaft bestimmter Menschen? Welche Orte geben Ihnen Energie und welche rauben sie Ihnen? Achten Sie auf körperliche Signale wie ein Gefühl der Leichtigkeit oder Schwere, Wärme oder Kälte, sowie auf emotionale Reaktionen wie Freude, Unbehagen oder Ruhe. Diese Signale sind oft direkte Indikatoren für den Zustand Ihrer Aura und können Ihnen wertvolle Hinweise darauf geben, was Ihnen guttut. Ein weiterer Ansatz zur Stärkung des „Aura-Sensors“ ist die Meditation. Durch regelmäßige Meditationspraxis können Sie Ihre Wahrnehmung schärfen und lernen, feinere energetische Schwingungen zu erkennen. Versuchen Sie während der Meditation, Ihre Aufmerksamkeit auf die Aura zu lenken und Veränderungen in ihrer Farbe, Form oder Intensität zu beobachten. Mit der Zeit werden Sie immer besser darin, die Signale Ihrer Aura zu interpretieren und zu verstehen, was sie benötigt, um im Gleichgewicht zu bleiben.

Auch die Wahl der richtigen Nahrungsmittel, wie bereits besprochen, spielt eine Rolle. Manche Lebensmittel können die Aura stärken, während andere sie schwächen können. Ihr „Aura-Sensor“ wird Ihnen dabei helfen, die für Sie passenden Nahrungsmittel zu finden.

Empathie für sich selbst ist ebenso unerlässlich. Es ist wichtig, sich selbst die Zeit und den Raum zu geben, die eigenen Bedürfnisse und Reaktionen zu erforschen. Wenn Sie feststellen, dass bestimmte Menschen oder Situationen Ihrer Aura nicht guttun, ist es vollkommen in Ordnung, Abstand zu nehmen. Ihr Wohlbefinden sollte immer an erster Stelle stehen.

Das Entwickeln eines feinen „Aura-Sensors" ist eine lebenslange Aufgabe, aber die Vorteile sind immens. Es ermöglicht Ihnen nicht nur, Ihre eigene Gesundheit und Ihr Wohlbefinden zu fördern, sondern auch, effektiver in der energetischen Heilung zu arbeiten. Ein gut kalibrierter „Aura-Sensor" ist ein wertvoller Begleiter auf dem Weg zu einem erfüllten und harmonischen Leben.

## ELEKTROSMOG IN AURA-ENERGIE VERWANDELN

Elektrosmog ist in der heutigen Zeit allgegenwärtig. Von Smartphones über WLAN-Router bis hin zu Mikrowellen – die Liste der Geräte, die elektromagnetische Felder erzeugen, ist lang. Diese Felder können sich negativ auf die Aura auswirken. Doch es gibt Möglichkeiten, diese Herausforderung zu bewältigen und den Elektrosmog in positive Aura-Energie umzuwandeln.

Zunächst ist es hilfreich, sich der Quellen des Elektrosmogs in der eigenen Umgebung bewusst zu werden. Ist der Arbeitsplatz von elektronischen Geräten umgeben? Wie sieht es im eigenen Zuhause aus? Sobald diese Quellen identifiziert sind, lassen sich gezielte Maßnahmen ergreifen. Eine davon ist die Platzierung von speziellen Steinen oder Kristallen wie Rosenquarz oder Schwarzer Turmalin in der Nähe der Geräte. Diese Mineralien sind dafür bekannt, elektromagnetische Felder zu neutralisieren.

Ein weiterer Ansatz ist die Visualisierung eines energetischen Schutzschildes. Stellen Sie sich vor, wie eine schützende Blase aus Licht die Aura umgibt und vor den negativen Auswirkungen des Elektrosmogs schützt. Diese Visualisierung lässt sich mehrmals täglich durchführen, besonders wenn Sie sich in einer elektrosmogreichen Umgebung befinden.

Atemtechniken können ebenfalls eine große Hilfe sein. Die bereits besprochene „Vier-Sieben-Acht-Technik" lässt sich hier anwenden.

Atmen Sie tief durch die Nase ein, halten Sie den Atem für sieben Sekunden und atmen Sie dann langsam durch den Mund aus. Während dieses Prozesses visualisieren Sie, wie die eingeatmete Luft alle negativen Energien aus der Aura entfernt und beim Ausatmen an die Erde abgibt.

Es ist auch ratsam, regelmäßige Pausen von elektronischen Geräten einzulegen. Nutzen Sie diese Zeit für Aktivitäten, die die Aura stärken, wie Spaziergänge in der Natur oder Meditationstechniken zur Aktivierung der Chakren.

**Anleitung: Chakra-Aktivierungsmeditation**

Diese Meditation kann dazu beitragen, die Aura zu stärken und einen Ausgleich zu der Zeit zu schaffen, die oft vor elektronischen Geräten verbracht wird.

- Wählen Sie einen ruhigen Ort, an dem Sie ungestört sind. Legen Sie alle elektronischen Geräte beiseite und schaffen Sie eine entspannte Atmosphäre, vielleicht mit sanfter Musik oder Kerzenlicht.
- Setzen Sie sich bequem hin, entweder auf einen Stuhl mit geradem Rücken oder im Schneidersitz auf den Boden. Legen Sie die Hände auf die Knie und schließen Sie die Augen.
- Beginnen Sie mit einigen tiefen Atemzügen, um sich zu zentrieren. Atmen Sie durch die Nase ein und durch den Mund wieder aus.
- Stellen Sie sich vor, wie Ihre Füße oder Ihr Sitzbein mit der Erde verbunden sind. Visualisieren Sie, wie Energie aus der Erde in Ihren Körper fließt.
- Lenken Sie Ihre Aufmerksamkeit auf das Wurzelchakra am unteren Ende Ihrer Wirbelsäule. Stellen Sie sich eine rote Farbe vor, die dieses Chakra füllt.
- Visualisieren Sie, wie die Energie vom Wurzelchakra aufsteigt und das nächste Chakra, das Sakralchakra, aktiviert. Stellen Sie sich eine orange Farbe vor.

- Bewegen Sie Ihre Aufmerksamkeit weiter zum Solarplexuschakra und visualisieren Sie eine gelbe Farbe. Spüren Sie, wie die Energie sich weiterbewegt.
- Konzentrieren Sie sich nun auf das Herzchakra und visualisieren Sie eine grüne Farbe. Fühlen Sie, wie Liebe und Mitgefühl durch Sie hindurchfließen.
- Richten Sie Ihre Aufmerksamkeit auf das Halschakra und stellen Sie sich eine blaue Farbe vor. Spüren Sie, wie Ihre Kommunikationsfähigkeit gestärkt wird.
- Fokussieren Sie sich auf das Stirnchakra, auch Drittes Auge genannt, und visualisieren Sie eine indigoblaue Farbe. Öffnen Sie sich für innere Weisheit und Intuition.
- Zum Schluss konzentrieren Sie sich auf das Kronenchakra an der Oberseite des Kopfes. Stellen Sie sich eine violette oder weiße Farbe vor und spüren Sie die Verbindung zum Universum.
- Nehmen Sie einige tiefe Atemzüge und öffnen Sie langsam die Augen. Verweilen Sie einen Moment, um die Erfahrung und die aktivierten Chakren zu spüren.

Die Transformation von Elektrosmog in nützliche Aura-Energie erfordert kontinuierliche Aufmerksamkeit und Geduld. Doch die daraus resultierenden Vorteile, wie eine robuste Aura und ein gesteigertes Gefühl des Wohlbefindens, sprechen für sich.

## Top 10 Tipps für mehr Dankbarkeit im Alltag

### 1. Dankbarkeits-Tagebuch

Führen Sie ein Tagebuch, in dem Sie täglich drei Dinge notieren, für die Sie dankbar sind. Dies fördert die Achtsamkeit und hebt die Stimmung.

### 2. Dankesbriefe

Schreiben Sie Briefe oder Karten an Menschen, die Ihr Leben positiv beeinflusst haben. Sie müssen diese nicht unbedingt abschicken, allein das Aufschreiben kann schon heilsam sein.

### 3. Komplimente

Geben Sie anderen Menschen aufrichtige Komplimente. Dies hebt nicht nur deren Laune, sondern auch Ihre eigene.

### 4. Dankbarkeits-Spaziergang

Gehen Sie spazieren und achten Sie bewusst auf Dinge, die Ihnen Freude bereiten oder für die Sie dankbar sind.

### 5. Dankbarkeits-Glas

Legen Sie ein Glas und einige Zettel bereit. Schreiben Sie jeden Tag etwas auf, für das Sie dankbar sind, und legen Sie den Zettel ins Glas. Am Ende des Jahres können Sie alle Zettel durchlesen.

### 6. Bewusstes Essen

Vor dem Essen kurz innehalten und sich bewusst machen, wie viele Menschen und Prozesse beteiligt waren, um die Mahlzeit möglich zu machen, fördert die Dankbarkeit.

### 7. Dankbarkeits-Atemübung

Bei jeder Einatmung denken Sie an etwas, für das Sie dankbar sind, und bei jeder Ausatmung lassen Sie negative Gedanken los.

### 8. Dankbarkeits-Stein

Tragen Sie einen kleinen Stein oder ein anderes Objekt bei sich, das Sie immer dann berühren, wenn Sie sich an etwas erinnern, für das Sie dankbar sind.

### 9. Dankbarkeits-App

Nutzen Sie eine App, die Sie regelmäßig daran erinnert, für etwas dankbar zu sein. Es gibt viele Apps, die speziell für die Praxis der Dankbarkeit entwickelt wurden.

### 10. Dankbarkeits-Kunst

Erstellen Sie ein Dankbarkeits-Board oder eine Collage mit Bildern und Zitaten, die Sie inspirieren und an die Dinge erinnern, für die Sie dankbar sind.

Bedenken Sie, Dankbarkeit gilt nicht nur für das Erreichte, sondern ebenso für zukünftige Möglichkeiten und Erfahrungen. Eine dankbare Haltung gegenüber dem, was noch vor Ihnen liegt, öffnet Türen zu weiteren positiven Erlebnissen. Auf diese Weise bleibt die Energie für die Verwirklichung Ihrer Wünsche nicht nur erhalten, sondern erfährt sogar eine Verstärkung.

# MEDITATIONEN FÜR IHRE AURAGESUNDHEIT

Zu den Meditationen gelangen Sie durch einen Scan der QR-Codes oder den Link darunter.

**http://bit.ly/3Rd9YgN**
**Erdung für mehr Stabilität**

**https://bit.ly/3JoBXrO**
**Atemübung**

**http://bit.ly/3jiklTV**
**Immunsystem und Abwehrkräfte visualisieren**

**http://bit.ly/40pkQfR**
**Entspannt in den Tag starten**

**http://bit.ly/3HGbHrS**
**Körperwahrnehmung und Selbstliebe**

**http://bit.ly/3wFlIPE**
**Für inneren Frieden und Ausgeglichenheit**

# Die Welt der Aurachirurgie

Sie haben einen umfassenden Einblick in die Welt der Aurachirurgie gewonnen – angefangen bei den Grundlagen, die die Aura und ihre verschiedenen Schichten beleuchten, bis hin zu den komplexen Techniken der Aurachirurgie, die in unterschiedlichen Lebensbereichen Anwendung finden. Sie haben die Aura nicht nur als ein leuchtendes Feld um sich herum kennengelernt, sondern als ein komplexes System, das Ihre physische und emotionale Gesundheit, ja, sogar Ihre spirituelle Entwicklung beeinflusst.

Die Kapitel über die Vorbereitung und Praxis der Aurachirurgie haben Ihnen gezeigt, wie wichtig Achtsamkeit, Entspannung und die richtige Kommunikation mit der geistigen Welt sind. Sie haben gelernt, wie Sie sich selbst auf energetischer Ebene besser verstehen und wie Sie dieses Wissen nutzen können, um anderen zu helfen.

Die Anwendungsgebiete der Aurachirurgie sind vielfältig. Sie reichen von der Linderung körperlicher Beschwerden und der emotionalen Heilung bis hin zur Förderung der spirituellen Entwicklung und der Prävention von Krankheiten. Jedes Kapitel hat Ihnen konkrete Techniken und Übungen an die Hand gegeben, die Sie in Ihrem Alltag integrieren können.

Das nun angeeignete Wissen steht Ihnen zur Verfügung, um zum Wohl sowohl Ihrer eigenen Person als auch anderer genutzt zu werden. Möge dieses Buch ein verlässlicher Begleiter auf dem spannenden Pfad sein. Gesundheit, Wohlstand und innerer Frieden mögen dabei Ihre stetigen Begleiter sein.